BRIGITTE RAUTH-WIDMANN

Mit Hunden spielen

KOSMOS ratgeber

Hundespiele

rund ums Jahr

Spiele-Spaß zum Mitmachen

Lassen Sie sich anstecken!

„Vorne tief, hinten hoch", den knuffligen Dino zwischen den Zähnen ... BONNIE weiß ganz genau, was das bedeutet: Frauchen ist in Spiellaune. Keuchend, den Fang weit geöffnet, tänzelt die Hündin auf und ab, dreht sich ruckartig im Kreis, hopst auf allen vieren, stupst Frauchen – die immer noch Dino tragend am Boden lauert – auffordernd mit der Schnauze an die Schulter, bellt laut. „Los geht's! Worauf warten wir noch?" Und ab geht die wilde Toberunde: Frauchen springt auf, juchzt, versteckt den Dino hinter den Beinen, lässt ihn vorblitzen, weg ist er wieder. Da: Kurz lugt er hervor – BONNIE kann ihn erhaschen und saust damit ins hohe Gras. Dann zwischen den Halmen hervorblinzelnd: „Frauchen, hier bin ich!" Ein angedeutetes Nachspurten, und BONNIE prescht davon. Aber Frauchen gibt sich uninteressiert an einer Verfolgungsjagd, beschäftigt sich stattdessen scharrend am Boden. Plötzlich ist BONNIE wieder da, lässt den Dino plumpsen und schnuppert erregt an der vermeintlich spannenden Grasnarbe. Zack! Frauchen ergattert das Spielzeug und wirft es unters Gebüsch: „Bring den Knuffel!" BONNIE rennt los, zwängt sich unter die Hecke. Nach einer Weile kommt ein Dino zum Vorschein und dann seine stolze Trägerin. „Braves Mädel! So ist's fein!", flötet Frauchen in den höchsten Tönen, schnappt sich den Dino, lässt ihn fiepend übers Gras huschen, danach mit tief brummender Stimme ganz langsam hin und her wanken. BONNIE nutzt die Gelegenheit, packt ihn am Bein, zerrt und zieht aus Leibeskräften. Frauchen hält heftig schnaubend dagegen. BONNIE rackert sich ab. Die Hinterhand hat sie tüchtig in die Erde gestemmt, die Vorderpfoten heben bereits ab: Ihr Knurren wird lauter und lauter. Aus voller Kehle stimmt Frauchen mit ein. Für Außenstehende mag dieses Knurrduett womöglich bedrohlich klingen. Doch von Gefahr keine Spur. Alles ist Spiel und völlig normal. Den ungleichen Sparringpartnern macht's Spaß – und allein darauf kommt es an. Schließlich ertönt ein unmissverständliches „DAS WAR'S". Im selben Augenblick öffnet BONNIE den Fang, gibt den Dino frei: „Dein Knuffel, Frauchen, bitteschön!"
Die „tot geschüttelte Beute" gebührend begutachtend, überlässt Frauchen BONNIE das Spielutensil. Ins Haus darf's nun die Hündin tragen. Dort verschwindet es in der Spielebox – bis zu seinem nächsten großen Auftritt. BONNIE „fällt" ausgepowert in den Wassernapf, Frauchen setzt sich seufzend an den Computer ...

Sie kommen sich albern dabei vor? Keine Bange: Das gibt sich!

Ihr Hund möchte beobachten, hören und seine Nase mit Düften füllen, er möchte Spuren lesen und Jagdspiele machen: Gönnen Sie ihm dieses Vergnügen! Es macht ihn glücklich, denn es lastet ihn aus, physisch wie psychisch.

Spielen – Lebenselixier für jeden Hund

Jeder Hund kann spielen, und jeder Hund muss spielen! Denn Spielen ist lebenswichtig – nicht nur für die Jüngsten, die dabei wichtige Erfahrungen für ihr späteres Leben sammeln, sondern auch für die Erwachsenen, ja selbst für die betagten Senioren. Denn auch sie brauchen das regelmäßige spielerische Tun – allein, oder zusammen mit Menschen respektive Artgenossen –, um körperlich ausgelastet und mental befriedigt zu sein. Außerdem fördert Spielen die sozialen Beziehungen – diejenigen von Hunden untereinander, ebenso wie die zwischen Hund und Mensch. Ein Hund, der nie spielen darf (oder der nie mit hundgerechten Aufgaben betraut wird), ist nicht nur völlig unausgeglichen, er verkümmert zudem – körperlich und seelisch.

Wie begeistert und ausdauernd ein Hund spielt, und welche Spiele er im Einzelfall bevorzugt, hängt entscheidend von seiner Rasse, seiner Persönlichkeit und den Erfahrungen ab, die er in Sachen „Spielen" bereits gemacht hat. Frühzeitige spielerische Beschäftigung zusammen mit dem Menschen beispielsweise fördert die Spielbegeisterung eines Hundes, egal welcher Rasse er angehört.

Rassespezifische Spiele – gibt es die?

Lauffreudige Hunde lieben rasante Bewegungsspiele in offenem Gelände, wobei die Windhundtypen gerne ihrem Hetztrieb nachgeben und eine Spielbeute (überwiegend mit den Augen ortend) über längere Strecken verfolgen. Hunderassen mit ausgeprägtem Stöber-

oder Apportiertrieb hingegen suchen vor allem schnüffelnd nach ihrer „Beute“, mit Vorliebe in dichtem Bewuchs oder im Wasser. Und sie schleppen dabei voller Tatendrang alles Mögliche und Unmögliche an. Sie tun dies in der Regel weichmäulig, das heißt, sie nehmen das Bringsel so sanft zwischen die Kiefer, dass es gänzlich unbeschadet am Zielort anlangt. „Bauhunde“ indes buddeln für ihr Leben gern. Auch stecken sie mit Begeisterung ihren neugierigen Riecher in jede noch so enge Röhre und zwängen – wenn's denn geht – ihren geschmeidigen Körper gleich hinterher. Eins ums andere Mal ein lustiges Apportel suchen und bringen, das ist für diese drahtigen Burschen meist weniger spannend. Und weichmäulig herbeibringen, das ist auch nicht gerade ihr Ding. Schließlich wurden sie zu völlig anderen Zwecken gezüchtet …
Hunde mit Hüteeigenschaften, um noch ein letztes Beispiel zu nennen, sind überwiegend exzellente Späher. Mit ihrer einzigartigen Beobachtungsgabe registrieren sie jeden Fingerzeig, und sie lassen das, worauf sie sich einmal konzentriert haben, so schnell nicht wieder aus den Augen. Für diese Vierbeiner eignen sich neben flotten Bewegungsspielen vor allem solche spielerischen Aktivitäten, bei denen insbesondere ihre wachen „Seher“ gefordert sind.

Ausnahmen bestätigen die Regel
Doch trotz aller Rassespezifika: Stets gibt es Vierbeiner, die, was ihre Beschäftigungsvorlieben anbelangt, deutlich aus ihrer jeweiligen „Rassenorm“ herausfallen, und, sagen wir als typische Apportierhunde, viel lieber buddeln und springen, als ausdauernd zu suchen und bravourös zu bringen. Pauschale, rassebezogene Spiel-Empfehlungen sind daher fehl am Platz. Stattdessen ist es an uns Halterinnen und Haltern herauszufinden, welche Spiele und Spielarten sich für unseren Hund am besten eignen, ihn am meisten auslasten und zufrieden stellen – nach der Devise: überlegen und ausprobieren.

Witternd interessanten Duftspuren folgen, „Einschliefen“ in eine enge Röhre: Schon die kleinen Hundekinder trainieren diese natürlichen Fähigkeiten auf spielerische Weise.

Hundekinder brauchen viele Ruhepausen, damit ihr Organismus wieder Kraft schöpfen kann.

Angepasstes Spielen

Spielbegeisterung hin, Spielbegeisterung her: Die körperliche Unversehrtheit des Hundes darf beim Spielen freilich niemals auf der Strecke bleiben! Bevor Sie zu Werke gehen, verschaffen Sie sich unbedingt Klarheit darüber, in welchem Entwicklungs- bzw. Gesundheitszustand sich Ihr vierbeiniger Begleiter gerade befindet: Ist er Welpe, Junghund, Erwachsener oder Senior? Ist er gelenkkrank, herzkrank, moppelig, untrainierter Stubenhocker oder Leistungshund? Denn nicht für jeden Vierbeiner, der großen Gefallen an einem bestimmten Spielchen finden würde, eignet sich dieses auch tatsächlich.

Welpen und Junghunde Welpen und Junghunde etwa dürfen unter keinen Umständen mit Springspielen oder ausgedehnten Toberunden beschäftigt werden, auch wenn sie sogleich dabei wären. Solche gemeinsamen Beschäftigungen sind gefährlich, denn sie übersteigen rasch die Leistungsfähigkeit der Hundekinder und schädigen dauerhaft ihren noch unausgereiften Skelettapparat. Nicht immer ist es leicht einzusehen: Doch die winzigen Temperamentsbündel sind wirklich kaum belastbar. Legt sich der kleine Vierbeiner beim Spielen oder gemeinsamem Laufen hin und mag keinen Schritt mehr tun, ist seine Belastungsgrenze schon längst überschritten. Soweit darf es keinesfalls kommen.
Gerade weil junge Hunde (durch die Begeisterung ihrer zweibeinigen Spielkumpane angespornt) alles Erdenkliche mitzumachen bereit sind, und das bis zu ihrer völligen Erschöpfung, werden insbesondere die Jüngsten oft viel zu viel „bewegt“. Ganz im Gegensatz zu ihren erwachsenen Artgenossen, die nicht selten chronisch unterbeschäftigt und daher oft körperlich und seelisch unausgelastet sind.

Selbst Hundesenioren sind noch gern zu einem Spielchen bereit – doch bitte nicht gerade während ihrer gewohnten Schlafphasen.

Nadelspitze Welpenzähnchen und kräftige Kiefer erfordern robustes Hundespielzeug. Bälle müssen jedoch stets etwas größer sein als der Rachenraum des Tieres, damit sie nicht verschluckt werden können oder im Schlund hängen bleiben und zum Ersticken führen.

Auch Zerrspiele sollten unterlassen werden, solange der Zahnwechsel noch nicht vollendet ist, da die Gefahr von Zahnabsplitterungen bis zu Zahnfehlstellungen besteht.

Nicht ganz fit? Erst mit rund zwölf Monaten ist ein Hund körperlich voll belastbar (kleine Rassen früher, große etwas später). Welche Anstrengungen Sie Ihrem Tier ab diesem Alter zumuten können, hängt allerdings von seinem jeweiligen Gesundheitszustand ab. Ein gelenkkranker Vierbeiner zum Beispiel darf selbst dann keine „großen Sprünge machen". Auch sollte er nicht zu Dauerleistungen ermuntert werden. Das beansprucht die vorgeschädigten Gelenke, Bänder und Sehnen ebenfalls stark. Regelmäßige moderate Bewegung und wenig anstrengende Spiele oder Spiele im Wasser sind hingegen ideal. Denn eine trainierte, kräftige Muskulatur hilft, die verminderte Beweglichkeit des krankhaft veränderten Skelettsystems abzufangen und beeinflusst das Krankheitsbild demzufolge günstig. Ähnliches gilt für Tiere mit Herz-Kreislauf-Problemen oder für Hundesenioren. Ihnen sollten ebenfalls keine größeren körperlichen Leistungen abverlangt werden. Zudem gilt es – wie auch bei Tieren mit Gelenkerkrankungen – auf die jeweilige Tagesform der vierbeinigen Patienten Rücksicht zu nehmen. Denn nicht selten verändern sich Krankheitssymptome oder Altersbeschwerden in Abhängigkeit von der Tageszeit oder etwa der Witterung merklich.

Moppelchen Völlig untrainierte oder gar hochgradig übergewichtige Stubenhocker heißt es gleichwohl nicht zu überanstrengen, sondern erst einmal langsam an die ungewohnten Aktivitäten und die mechanische Beanspruchung heranführen – ganz egal, wie alt sie sind.

Wichtig

Für alle, also auch für die vierbeinigen Spieleprofis, gilt ausnahmslos: Erst stretchen, dann matchen! Sonst droht Muskelkater oder Schlimmeres, etwa ein Muskelriss.

Gehirnjogging Was indes keinem Hund schadet, ob jung oder alt, ob körperlich krank oder fit, ist Gehirnzellenjogging. Hundgerechte Knobel- und Geschicklichkeitsaufgaben sind spannend und bereiten jedem Vierbeiner Vergnügen – drinnen und draußen, im Winter wie im Sommer, und wenn nötig sogar stundenlang.

Aber lehren Sie Ihren Vierbeiner – wenn er nicht gerade als Behindertenbegleithund arbeitet – keine Handlungsweisen, wie etwa eine Türklinke drücken, eine Schublade öffnen oder einen Lichtschalter betätigen. Denn Sie sollten nicht darauf vertrauen, dass Ihr beschäftigungssüchtiger Vierbeiner solche Handlungen wirklich immer nur dann ausführt, wenn er in Ihrem Beisein die Aufforderung dazu erhält. Ist er länger allein zuhause, wird's ihm womöglich langweilig und er nimmt solche Aufgaben dann schon mal ohne das entsprechende Kommando in Angriff.

Spielfreude fördern

Welpen verbringen sehr viel Zeit damit zusammen zu spielen. Auch dem Solitärspiel, also dem Spiel mit sich selbst bzw. mit Gegenständen, widmen sie sich ausgiebig. Was und wie Welpen spielen, verändert sich mit zunehmendem Alter, ebenso, mit welcher Ausdauer sie dies tun. Es ist völlig normal, dass die Spielhäufigkeit im Laufe ihres Her-

Verlangen Sie nicht zu viel von Ihrem Tier! Zunächst kleine Aufgaben stellen, dann erst richtig herausfordern – und, auf eine ausgewogene Mischung von mentaler sowie körperlicher Beanspruchung achten.

Auch die Hundemama nimmt sich reichlich Zeit, um mit ihren Schützlingen zu spielen – weshalb sollten wir es ihr nicht gleichtun?

anwachsens immer mehr abnimmt – bekanntermaßen spielen erwachsene Hunde wesentlich seltener als ihre jüngeren Artgenossen. Es lässt sich aber feststellen, dass die Tiere, mit denen im Welpen- und Junghundalter auffallend viel und abwechslungsreich gespielt wurde, in ihrem späteren Leben häufiger, intensiver und vor allem ausdauernder spielen als Hunde derselben Rassen, mit denen man während ihrer Jugendentwicklung kaum gespielt hatte.

Clevere Kerlchen Obendrein sind solche im Spielen versierten Hunde meist rascher dazu zu bewegen, mit ihren Menschen zusammen irgend etwas in Angriff zu nehmen, sei dies nun ein neuartiges Bewegungsspiel, eine „Denksportaufgabe" oder auch regelmäßige Erziehungs- und Gehorsamsübungen – vermutlich, weil sie erkannt haben, dass diese Art menschlicher Zuwendung Spaß und Kurzweil verspricht. Auch reagieren sie meist prompt auf jedwedes optische oder akustische Signal ihres zweibeinigen Kumpans; regelrecht pfiffig muten sie dann an. Das mag daran liegen, dass diese Tiere gelernt haben, ihren Menschen bestens zu „lesen", denn das gemeinsame Spielen setzt natürlich zwangsläufig eine enge Interaktion zwischen Mensch und Hund voraus und ebenso ein individuelles Aufeinander-Eingehen. Schon allein deswegen ist Spielen mit dem Vierbeiner lohnenswert, finden Sie nicht auch?

Spiel ohne Grenzen?

Außer Rand und Band Freilich gibt es, was die natürlicherweise vorhandene Spielfreude eines Hundes betrifft, gravierende Rasseunterschiede. Wer kennt ihn nicht, den Border Collie, der beim bloßen Anblick seines Bällchens vollkommen ausrastet und kaum mehr zu bremsen ist – völlig gleichgültig, ob er sechs Monate oder sechs Jahre alt ist und ob er als Welpe oft zusammen mit seinem Besitzer spielen konnte oder nicht?

Beschützertypen Herdenschutzhunde geben sich hier eher bedeckt – egal, wie alt und spielerfahren sie sind. Und doch: Selbst bei diesen bemerkenswerten Hunden mit dem großen Beschützerwillen trägt frühzeitige Motivation zum spielerischen Tun Früchte, allerdings meist nur in begrenztem Umfang. Denn Herdenschutzhunde sind zwar durchaus in der Lage mit ihrem Besitzer zu spielen, und zunächst begeistert dranzubleiben, doch es braucht zum einen großer „Überredungskünste", sie zum Spielen zu motivieren, und zum anderen kann das Spielverhalten, bei bestimmten Bewegungsspielen etwa, rascher vom rein spielerischen Charakter abgleiten – sowohl bei Hunden untereinander als auch bei gemeinsamen Spielaktivitäten mit Menschen. Möchte man mit Hunden, die aufgrund ihrer genetischen Anlagen den Beschützertypen zuzurechnen sind, Spiele unternehmen, heißt es, deren Charakter und spezifische Verhaltensweisen sehr gut zu kennen, und auch deren kleine mimische und gestische Hinweise immer ernst zu nehmen. Sonst lässt sich ein für beide Seiten befriedigendes Spiel kaum erzielen. Auch sollte man (wie übrigens bei allen zur Eigenständigkeit neigenden Hunden) von Kampfspielen jedweder Art Abstand nehmen. Gemeinsame Zerrspiele um eine Beute sind unbedingt abzulehnen. Viel besser eignen sich für diese Tiere Denk- oder Geschicklichkeitsspiele.

In der Regel sollten SIE Ihren Hund zum gemeinsamen Spielen auffordern. Gelegentlich können Sie aber durchaus auch auf seine Spielaufforderungen eingehen. Nur ständig zum Spielen drängen lassen dürfen Sie sich nicht!

Richtig belohnen

Ob Sie Ihren Hund belohnen (und damit in seinem jeweiligen Tun bestärken und zu weiterer Ausführung ermuntern), indem Sie Ihre Stimme, einen besonders guten Leckerbissen oder sein Lieblingsspielzeug einsetzen, bleibt Ihnen überlassen.

Je nach Temperament und jeweiliger Stimmungslage Ihres Hundes können Leckerchen beziehungsweise Spielzeug unterschiedliche Verhaltensintensitäten bewirken – Futter beruhigt eher, ein wildes Tobe-Spielchen hingegen putscht auf. Entscheiden Sie deshalb ganz gezielt, worauf Sie im Einzelfall zurückgreifen wollen.

Check Richtig spielen, aber wie?

Was immer Sie zusammen mit Ihrem Hund unternehmen, stets sollten Sie seine natürlichen körperlichen Fähigkeiten und mentalen Veranlagungen nutzen, ohne dabei Höchstleistungen zu fordern. Besonders freudig, schnell und nachhaltig lernen Hunde,

- wenn man sie möglichst keine Fehler machen lässt, die einer Korrektur bedürfen,
- wenn man spontan gezeigtes erwünschtes Verhalten sofort belohnt und damit verstärkt (= positive Bestärkung),
- wenn man gewünschte Reaktionsweisen bereits dann belohnt, wenn sie auch nur ansatzweise gezeigt werden; das Verhalten lässt sich so »formen« (= shaping), also gezielt zum endgültigen Reaktionsmuster hinleiten,
- wenn man Erfolge regelrecht hervorruft, indem man geschickt mit Lockmitteln arbeitet; die vierbeinigen Schüler können so die Lösung selber finden, das stärkt ihr Selbstvertrauen,
- wenn man auf zahlreiche Wiederholungen setzt, bevor die nächste Schwierigkeitsstufe folgt.

Spielen erschöpft sich nicht, aber es erschöpft

Die Lust auf ein Beutefangspiel (zum Beispiel das Fangen einer Frisbee-Scheibe) verebbt nicht etwa durch das Erhaschen der „Beute" – nein, schon im nächsten Augenblick ist sie wieder neu auslösbar. Woran das liegt? Spielbereitschaft wird durch häufiges Ausführen einer spielerischen Handlung nicht erschöpft. Denn hier fehlt ganz einfach der Ernstbezug, in diesem speziellen Fall das anschließende Fressen und damit die Sättigung. Spielen wird einem von Natur aus spielfreudigen Hund demzufolge nicht langweilig. Aber es erschöpft ihn – in wohltuender Weise. Nutzen Sie dies, um Ihren Vierbeiner mit minimalsten Mitteln ausreichend zu beschäftigen und glücklich zu machen! Und, um ihm ganz nebenbei Entspannung zu bieten. Denn Spielen entspannt obendrein, und zwar ziemlich effektiv – nicht nur den hundlichen Organismus.

Bestimmt haben Sie es selbst schon erlebt: Konzentriertes Training auf dem Hundeplatz, aber es will nicht klappen. Sie verkrampfen sich, werden ungehalten; Ihr Hund kapiert, so scheint es, gar nichts mehr. Nun lassen Sie „fünfe grade sein", nehmen ihn zur Seite, rennen ein Stückchen gemeinsam, schicken ihn einige Male einem Spielzeug hinterher und knuddeln ihn fürs famose Bringen. Was resultiert? Ihr Vierbeiner ist wieder rundum „locker" – und Sie auch.

Wissen wann's genug ist: Züngeln, sich kratzen oder sich schütteln können Verhaltensweisen sein, mit denen ein Hund anzeigt, dass er momentan überfordert ist, und dass er sich gerade nicht wohl fühlt in seiner Haut. Dann heißt es, die Übung sogleich zu beenden und den Vierbeiner aufzulockern – z. B. mit einem Apportierspiel.

Spiellaune erhalten, leicht gemacht

Plötzlich auftretende Spielunlust

Die Bereitschaft zu spielen kann sich eigentlich nicht erschöpfen. Wieso zeigt sich der eine oder andere Hund beim Spielen trotzdem gelegentlich völlig uninteressiert? Wenn es weder an seiner Rassezugehörigkeit noch an mangelnder Spielerfahrung liegt, was könnte schuld daran sein?

Plötzliche Spielunlust kann ein Alarmsignal sein! Verweigert Ihr ansonsten spielfreudiger Vierbeiner mit einem Mal das gemeinsame Spiel, sollten Sie unbedingt kontrollieren, ob diesem Verhalten eine Verletzung oder ein krankhafter Prozess zugrunde liegt. Stellen Sie ihn sicherheitshalber dem Tierarzt vor.

Doch vielleicht möchte Ihr Vierbeiner im Moment einfach nicht mit Ihnen spielen, weil er Sie viel zu gut kennt? Hunde besitzen bekanntlich ein exzellentes Gespür für unser Befinden, speziell für unsere Stimmungslagen. Haben Sie selber keine Lust zum Spielen, so merkt das freilich auch Ihr Hund. Er wird unkonzentriert und abgelenkt sein. Lassen Sie's diesmal lieber bleiben, es wird ohnehin keine spaßige Spiel-Session werden.

Tipp

Räumen Sie Spielzeug nach Gebrauch immer weg! Hat Ihr Hund den gesamten Fundus ständig zur freien Verfügung, wird er für ihn mit jedem Tag weniger begehrenswert. Das eine oder andere bespielbare Utensil sollte dennoch stets zugänglich sein, damit er sich, überkommt ihn mal die Lust auf ein Solitärspiel, nicht an anderen Dingen vergreift.

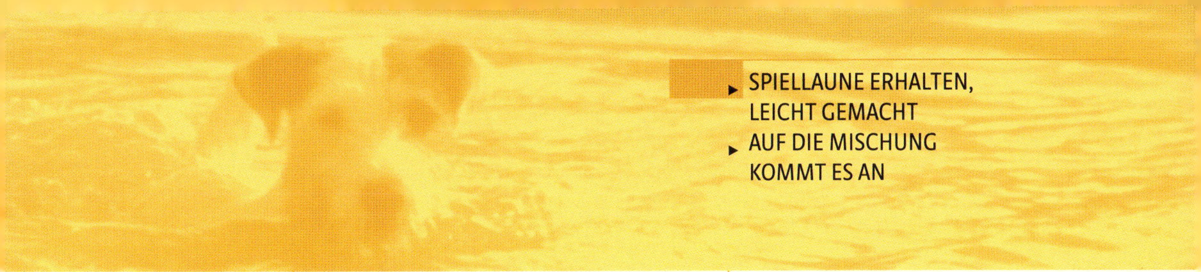

Spielen an den unterschiedlichsten Orten, zu den verschiedensten Tageszeiten und mit vielfältigsten Spielutensilien: Das begeistert selbst den hartnäckigsten (vierbeinigen) Stubenhocker. Hier: „Luftballon stupsen“

Motivation und Spielfreude Das Spielzeug muss leben! „Tote“ Objekte üben auf einen Hund normalerweise einen viel schwächeren Reiz aus. Wesentlich mehr Anreiz bieten Objekte, die sich bewegen und Geräusche von sich geben. Besonders fesselnd finden es Hunde offensichtlich, wenn sich ein Spielzeug rasch von ihnen fortbewegt oder Haken schlägt und wenn es sich versteckt, um hernach unvermittelt wieder aufzutauchen. All dies spricht nämlich ihre natürlichen Instinkte an und löst sofort arttypische Verhaltensweisen aus wie verfolgen, festhalten und apportieren. Vermutlich sind gerade deshalb Beutefangspiele bei Hunden so beliebt. Quietscht, fiept und wehrt sich die „Beute“ obendrein, macht die spielerische Beschäftigung mit ihr doppelt Spaß.

Auf die Mischung kommt es an

Je abwechslungsreicher Ihr gemeinsames Spiel ist, umso vielfältiger sind die Eindrücke, die es bei Ihrem Hund hinterlässt, und umso erschöpfender und befriedigender wirkt es auf seinen Körper und seinen Geist. Ja, und je mehr Freude das Ganze bereitet, umso motivierter wird er sein, auf Ihre Spielideen einzugehen – wie immer diese auch aussehen mögen.
Spielen Sie also nicht immer nur „Bällchen-holen“ mit Ihrem Hund! Kombinieren Sie Bewegungsspiele hin und wieder mit Denkspielen, bei denen er seinen Grips einsetzen muss und seine Sinne schärfen kann. Verknüpfen Sie schnelle mit langsamen Spielelementen, geräuschvolle mit stummen. Verbinden Sie Tempospiele mit abrupten Stopps oder beispielsweise Springspiele mit Geschicklichkeitsübungen. So lernt Ihr Hund seine Kräfte gezielt zu steuern. Variieren Sie auch beim Spielzeug. Verwenden Sie aber niemals Stöcke, Steine, Nadelholzzapfen oder etwa Gegenstände aus brüchigem Kunststoff als Spielutensilien. Sie können zu Verletzungen führen.

Die Spiel-Arena Damit Ihr Hund zu generalisieren lernt, spielen Sie an allen erdenklichen Orten mit ihm (an geeigneten versteht sich, also nicht etwa an einer viel befahrenen Straße, mitten im Wald bei der Wildfütterung, direkt neben einem Bienenstock, im Getreidefeld oder auf einer Wildwiese während der Setzzeit). Animieren Sie ihn zudem zu den unterschiedlichsten Tageszeiten zu einem Spielchen. So gewöhnt er sich nicht an feste Spielzeiten, sondern bleibt gespannt, weil er weiß, dass diese reizvolle gemeinsame Beschäftigung ständig auf dem Programm stehen kann. Gut einplanen sollten Sie das tägliche Spielen mit Ihrem Hund natürlich trotzdem, denn nach den Mahlzeiten dürfen keinerlei heftige körperliche Aktivitäten folgen – aber das wissen Sie ja.

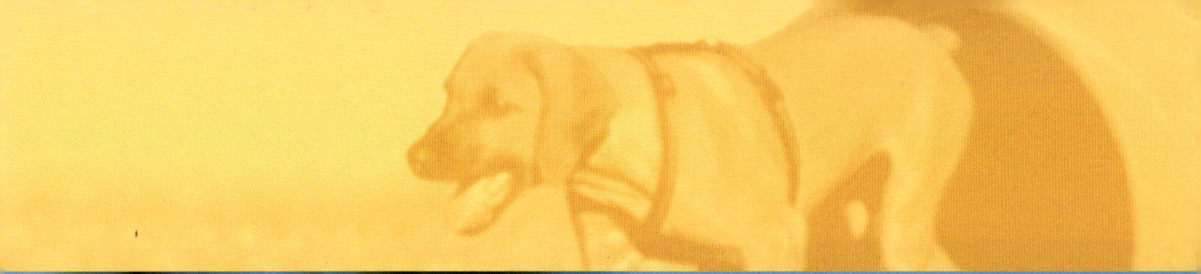

Frühlingserwachen
Hinaus, hinaus in die Natur …

Beim Zerrspiel darf Ihr Hund ruhig einmal als Sieger hervorgehen. Das stärkt sein Selbstbewusstsein. Nach dem Spielen allerdings gehört die „Beute“ Ihnen.

Wem geht zuerst die Puste aus?

Der letzte Schnee ist geschmolzen, das erste Grün beginnt zaghaft zu sprießen: Zwei- wie Vierbeiner drängt es nach draußen – zum gemeinsamen Spielen und Toben. Was aber mit der anbrausenden Energie anstellen? Wie sie effektiv nutzen und doch möglichst gut kanalisieren, damit die nach der langen Winterzeit kaum trainierte Muskulatur nicht überstrapaziert oder gar geschädigt wird? Behutsames Aufwärmen ist angesagt – zum Beispiel mit einem gemeinsamen Bewegungsspiel. Der Hund prescht davon – sein zweibeiniger Begleiter hat verständlicherweise nicht die geringste Chance, ihm auf den Fersen zu bleiben: So darf das Spielchen sicher nicht aussehen. Im Gegenteil: Sie sollten versuchen auf engstem Raum und ohne Spielutensil mit Ihrem Hund zu laufen und zu toben. Rennen Sie z.B. ein Stückchen geradeaus, sodass er Ihnen folgen kann. Hat er Sie gerade überrundet, machen Sie kehrt, schlagen einen Haken und flitzen die Strecke zurück. Gehen Sie auch mal in die Hocke oder robben Sie gurrend am Boden entlang. Kommt Ihr Vierbeiner interessiert herbeigeeilt, stupsen Sie ihn am Hals, knuddeln ihn oder springen unvermittelt auf und hüpfen davon.

Kurze Animationseinlagen Häufige Wechsel der Bewegungsgeschwindigkeit bzw. Gangart und unerwartete Änderungen der Bewegungsrichtung, abwechslungsreiche Geräusche – und gelegentlich ein auffordernder Körperkontakt – sind bei dieser Beschäftigungsart äußerst wichtig, damit es auch für den temperamentvollsten Vierbeiner prickelnd bleibt.
Wird Ihr Hund in seinen Laufbewegungen zu schnell, oder beginnt seine Konzentration auf Sie als sein/e EntertainerIn nachzulassen, kann ein freundliches „STEH“ sein Tempo drosseln und die Spannung wieder herstellen. Oder Sie gewähren sich selbst einen kleinen Vorsprung, indem Sie ihm ein paar Brocken Trockenfutter ins Gras werfen, nach denen er zunächst suchen wird, bevor er Ihre Verfolgung aufnimmt. Oder Sie reduzieren sein Tempo, indem Sie ihn kurz – wenn nötig mehrmals hintereinander – ins SITZ beordern, losstürmen und ihn mit KOMM zum Nachspurten auffordern.

Aufhören, wenn's am schönsten ist!

Auch fürs gemeinsame Spielen mit dem Hund ist dies eine sehr wichtige Regel. Noch bevor die Aufmerksamkeit Ihres Tieres nachlässt, beenden Sie das Spiel – und zwar von Ihnen ausgehend, und am günstigsten stets mit demselben Hörzeichen (z. B. „DAS WAR'S"). So kommt es nie zu einer Überforderung und Ihr Hund versteht prompt.

Angedeutetes Nachspurten ist erlaubt, denn es macht das gemeinsame Rennspiel spritzig.
Doch lassen Sie Kind und Hund nicht unbeaufsichtigt toben.

Krieg mich, wenn du kannst

Wenn Sie Ihre ersten Bewegungsrunden im zeitigen Frühjahr lieber MIT Spielzeug mögen, bitteschön! Ein weiches Stofftierchen, ein Spieltau oder ein Hartkunststoffball an einer Kordel befestigt – hinter den Beinen versteckt, unvermittelt hervorblitzen und fiepen lassen: Ihr Hund wird entzückt sein. Immer wieder wird er versuchen, das Spielzeug zu erhaschen; alle Tricks wird er anwenden, Ihnen das Utensil abzuluchsen.

Machen Sie es Ihrem Hund nicht zu leicht – allerdings auch nicht allzu schwer, denn das Spielzeug darf für ihn nicht völlig unerreichbar sein, sonst verliert er womöglich die Lust an diesem Spektakel. Lassen Sie ihn deshalb hin und wieder zum Erfolg kommen. Dabei darf er das Spielzeug packen oder „totschütteln". Oder zerren Sie ein bisschen um die Wette.

Keep on moving Bleiben Sie auch beim Spielen mit Spielzeug immer in Bewegung. Sprinten Sie auf und ab, laufen Sie Geraden, Haken, Kreise. Gehen Sie in die Hocke und lassen Sie das Spielzeug am Boden entlang huschen, recken Sie sich und wedeln Sie damit in Armhöhe. Hoch, nieder – links, rechts: Das animiert Ihren Hund.

Die „reizende" Angel

Das Spielzeug ergattert und damit aus dem Staub gemacht – kein noch so probates Ablenkungsmanöver nutzt, ihn herbeizulocken und zum Abgeben zu bewegen: Gehört Ihr Vierbeiner auch zu dieser Klientel Hund? Nun, dann sollten Sie sich eine Reizangel basteln und damit Ihr Glück versuchen.

Der Beutetrieb ist bei den meisten Hunden sehr gut entwickelt. Vielen Vierbeinern mangelt es eher daran, die erhaschte „Beute" herbeizubringen, also am Bringtrieb. Mit der Reizangel lässt sich hauptsächlich der Spaß am „Beutemachen" fördern, aber auch die Lust am Bringen …

Sie brauchen dazu: Einen Besenstil, ein dünnes Sisalseil, eine leere Petflasche (eventuell mit Schraubverschluss) – und natürlich Spiellaune. Das eine Ende des Seils verknoten Sie gut mit der Aufhängung des Besenstils, das andere Ende schieben Sie, nachdem Sie in den Boden der Petflasche vorsichtig ein Loch gebohrt haben, dort hindurch und setzen, sobald es am Flaschenhals erscheint, zwei feste Knoten. Dann das Seil wieder zurückziehen, fertig! Möchten Sie mit Leckerchen arbeiten, füllen Sie welche in die Flasche und schrauben den Deckel fest zu.

Wenn Ihr Hund bei dem ganzen Prozedere zuschauen durfte, wird er ohnehin schon fast vor Neugierde platzen. Ansonsten sagen Sie ihm jetzt Bescheid und bitten ihn nach draußen. Wählen Sie unbedingt einen geräumigen Ort im Freien, am besten auf einer kurz gemähten Wiese ohne Dornengestrüpp o.Ä. Denn das turbulente Spiel mit dem langen Seil erfordert viel Platz.

Ihr Hund soll möglichst nicht nach dem lustigen Spielzeug springen. Also führen Sie das Seil mit der Flasche dicht am Boden entlang. Schwingen Sie es zunächst langsam, dann schneller – erst geradlinig, dann ruckartig und mit „Hakenwurf". Richten Sie sich mit den Bewegungen unbedingt nach Ihrem Hund.

Mut zur Beute Manche Tiere schrecken vor diesem ungewöhnlichen Utensil zurück und müssen Mut fassen, um es zu verfolgen. Bei solchen Hunden gilt es erst einmal den Beutetrieb zu fördern, indem kleinräumiger mit der Reizangel gearbeitet wird. Auch anregende Geräusche beim Hin- und Herhuschen der Flasche erweisen sich hier als günstig.

Andere Hunde wiederum haben keine Hemmungen und sind beim Nachspurten kaum im Zaum zu halten – mit dem Bringen hapert es bei ihnen jedoch gelegentlich. Für solche Hunde ist die mit Leckerchen befüllte Flasche ideal.

... denn, nur wer das Utensil brav herbeischafft und abgibt, bekommt einen Leckerbissen daraus zugesteckt.

Tipp

Das Reizangel-Spiel ist auch eine prima Vorübung fürs korrekte Apportieren. Binden Sie anstelle der Flasche einfach ein Spielzeug oder ein Dummy an das Seil.

Die können sie packen und umhertragen, allerdings ohne damit das Weite zu suchen. Und sie können sich zugleich eine fressbare Belohnung daraus verdienen.

Erwischt Sobald Ihr Hund also die „flüchtende" Flasche ergattert hat, stoppen Sie die Bewegungen der Reizangel und rufen ihn zu sich. Allerdings nicht, indem Sie nun wie angewurzelt stehen bleiben und alle ihre Aktionen einfrieren, sondern indem Sie sich durch Bewegung und Laute ungeheuer interessant machen. Also hüpfen Sie zum Beispiel in die entgegengesetzte Richtung davon und locken Sie Ihren Vierbeiner durch Gesten und Geräusche herbei. Notfalls rucken Sie dabei leicht am Seil, um ihn etwas herbeizulotsen. Ziehen Sie aber nicht zu stark, sonst plumpst ihm die Flasche womöglich aus dem Fang.
Kommt er Ihren Aufforderungen nach, loben Sie ihn überschwänglich. Nehmen Sie ihm die Flasche nicht gleich ab, sondern laufen Sie ruhig erst noch ein paar Meter mit ihm umher. Vergessen Sie nicht, Ihren Hund dabei ständig fürs brave Tragen zu loben („FEIN FEST"). Wenn er dicht neben Ihnen ist, kraulen Sie ihn am Hals und unter dem Fang. Seine „Beute" berühren Sie dabei zunächst noch nicht. Ihr Hund soll erkennen lernen, dass Ihre Nähe nicht zwingend bedeutet, dass er seine Errungenschaft sofort an Sie abtreten muss! Allmählich gehen Sie dazu über, auch die „Beute" ab und zu anzutippen. Schließlich nehmen Sie ihm die Flasche aus dem Fang (falls erforderlich beherzt, aber niemals grob!), öffnen unter großem Brimborium deren Verschluss, lassen einige Leckerchen daraus auf Ihre Hand kullern und reichen sie Ihrem Hund eines nach dem anderen. Wiederholen Sie dieses Spiel nicht zu oft. Zwei- bis dreimal hintereinander „fangen, festhalten, tragen und futtern" reicht für den Anfang.

Apportieren – nicht nur für Retriever

Apportiertrieb fördern Gegenstände vom Boden aufnehmen, sie umhertragen und mit nach Hause schleppen: Vielen Hunden liegen diese Verhaltensweisen geradezu im Blut. Haben Sie auch einen solchen apportierfreudigen Begleiter an Ihrer Seite? Nutzen Sie es und fördern Sie dieses Verhalten gezielt. Hat Ihr Hund erst einmal gelernt, einen ganz bestimmten Gegenstand auf Aufforderung hin zu apportieren, lassen sich zahllose Varianten erfinden, mit denen Sie ihn beschäftigen und ständig aufs Neue fordern können. Ob Augen- oder Nasenleistung, ob Gedächtnis oder Geschicklichkeit Ihres Tieres – mit Apportierspielen lassen sich diese Fähigkeiten hervorragend schulen ...

Dieser kleine Welpe erweist sich schon als rechter Meisterapporteur.

Früh übt sich Stellt sich die Frage: Wann beginnen und wie? Die einfache Antwort lautet: Bereits beim Welpen und zwar folgendermaßen:
Zunächst noch im Haus, in einem möglichst schmalen kurzen Flur (mit nicht allzu glattem Bodenbelag und ohne zerbrechlichen oder scharfkantigen Zierrat!) breiten Sie die Decke Ihres Hundes aus, nehmen mit ihm zusammen darauf Platz und halten ihn sanft fest. Unter jubelnden Geräuschen werfen Sie nun ein Spielzeug aus oder rollen es über den Boden – zwei bis drei Meter weit genügt. Ihr Welpe wird es kaum erwarten können, dem interessanten Objekt hinterherzulaufen. Also lassen sie ihn. Er wird es sicher gründlich untersuchen, es vielleicht sogar zwischen die Kiefer nehmen: Sagen Sie ihm gleich, wie toll Sie das finden, und locken Sie ihn damit zu sich auf die Decke. Eilt er herbei, loben Sie ihn herzlich und knuddeln ihn. Das Spielzeug darf er noch einen Moment behalten, bevor Sie es ihm abnehmen, um es erneut auszuwerfen.

Kleine Hilfen erleichtern das Lernen: Herrchen kniet am Boden und begibt sich so auf die Ebene seines Hundes. Nichts wirkt bedrohlich, das Hundekind ist entspannt. Während das Dummy durch die Lüfte fliegt – und der Welpe dessen Flugbahn aufmerksam verfolgt – hält er ihn sanft zurück, um möglichen Übereifer zu bremsen. Keine Frage: Hier schlummern Talente.

Startschwierigkeiten Hat Ihr Kleiner indes noch keine Lust, auf Ihre Aufforderung hin in Ihren Schoß zu kommen, weil andere Dinge momentan wichtiger für ihn sind, locken Sie ihn und machen Sie sich furchtbar interessant, etwa indem Sie sich an seiner Kuscheldecke zu schaffen machen. Kauern Sie sich nieder, damit Sie für ihn möglichst klein erscheinen. Oder lehnen Sie (mit den Händen auf dem Rücken) Ihren Oberkörper so weit wie möglich nach hinten zurück. Auch das wirkt für den kleinen Vierbeiner weniger bedrohlich, als wenn Sie sich – mit ausgebreiteten Armen – auf ihn zu und nach vorne beugen. Bestimmt kommt er dann lieber herbei. Loben jetzt nicht vergessen!

Gibt's doch Schwierigkeiten mit dem Herankommen, rücken Sie mitsamt Decke etwas näher ans Ende des Flurs, um so seine „Fluchtmöglichkeiten" einzuschränken. Und bevor Sie das Bringsel erneut auswerfen, spielen Sie erst einmal tüchtig und in enger räumlicher Nähe gemeinsam damit – etwa ein Beutefangspiel. Das fördert seine Bringfreude mit Sicherheit.

Sollte Ihr Vierbeiner das Spielzeug überhaupt nicht aufnehmen wollen oder auf seinem Weg zu Ihnen ausspucken, schimpfen Sie nicht. Probieren Sie das Ganze einfach noch mal. Will es überhaupt nicht klappen, erzwingen Sie nichts. Gehen Sie lieber mit Ihrem Kleinen zum Spielzeug hin, lassen es ihn greifen (notfalls kicken Sie es mit dem Fuß leicht an, damit es wieder „lebendig" wird), und spazieren Sie anschließend gemeinsam ein bisschen durch den Gang. So lernt er, das Bringsel festzuhalten. Steuern Sie wie beiläufig die Kuscheldecke an, setzen sich nieder und loben Sie ihn dort gebührend für die erstklassige Leistung.

Nur kein Frust Spielen Sie das Apportierspiel nicht zu lange – weder aus lauter Begeisterung, weil es so gut funktioniert, noch aus Frust, weil es nicht so recht klappen mag. Nach drei bis vier Übungen ist Schluss.

Sollte das, was Sie sich vorgenommen haben, nicht klappen, brechen Sie die Übung nicht resigniert ab. Verändern Sie lieber Ihre Vorgehensweise derart,

dass eine Teilübung entsteht, die Ihr Hund mit Sicherheit super erledigen wird. Dafür loben Sie Ihn kräftig. Nie sollte eine gemeinsame Beschäftigung ohne Bestätigung oder gar mit einer Enttäuschung für ihn enden.

Der perfekte Apport Ihr (erwachsener) Hund sitzt aufmerksam, idealerweise links neben Ihnen. Sie werfen das Bringsel „Brrrr“ durch die Lüfte – es klingt total verlockend für Ihren Vierbeiner, trotzdem verharrt er vollkommen regungslos an Ort und Stelle (steadyness heißt dieses lobenswerte Verhalten). Sobald Sie ihn mit „APPORT“ schicken, flitzt er los, schnurstracks zum Dummy hin, nimmt es auf, und stürmt – das Bringsel akkurat zwischen den Kiefern platziert – auf direktem Wege zu Ihnen zurück, setzt sich mustergültig vor Sie hin und lässt seine „Beute“ erst dann in Ihre Hände fallen, wenn Sie ihn mit „GIB AUS“ dazu auffordern.

Der Apportier-Alltag Derart mustergültig allerdings klappt's nur beim Profi. Oft schleichen sich Fehler ein, die den Zweibeiner fast verzweifeln lassen. Doch zur Verzweiflung besteht kein Anlass. Manche Verhaltensweisen, wie die routinierte steadyness oder das Vorsitzen beim Abgeben beispielsweise, sind für ein lustiges Apportierspiel wirklich nicht zwingend nötig. Also mühen Sie sich nicht, wenn Ihr Hund es einfach nicht kapieren will. Feilen Sie stattdes-

Das Dummy interessant machen und den Hund so auf das Bringspiel einstimmen – dann erst werfen: Wenn da keine Apportierlaune aufkommt!

Apport über ein Hindernis: Zum Einstudieren des Spielablaufs geht's gemeinsam mit dem Hund auf den Miniparcours ...
... den Profi schickt man allein über die Hürde, um das ausgeworfene Bringsel aufzunehmen.

So macht Einkaufen beiden Freude.

sen an den unverzichtbaren Teil-Aktionen und üben Sie diese einzeln.
Startet Ihr Vierbeiner jedoch wirklich jedes Mal bereits dann, wenn Sie bloß die Hand zum Wurf anheben, probieren Sie's mal hiermit: Anstatt das Bringsel zu werfen, legen Sie es – während Ihr Hund im SITZ auf Sie wartet – in aller Ruhe auf dem Boden aus. Oder Sie werfen es, holen es aber hin und wieder selbst herbei. Beides wirkt sehr beruhigend auf solche „Schnellstarter" und ermöglicht auch ihnen die Chance auf vielfältige Apportierspiele.

Das Timing muss stimmen Haben Sie einen Hund, der Ihnen ein Bringsel stets vor die Füße wirft, anstatt es so lange festzuhalten, bis Sie es mit den Händen entgegennehmen können? Dann achten Sie einmal darauf, wie Sie sich während seines Apports verhalten. Wann loben Sie Ihr Tier? Beim Aufnehmen des Dummies: Prima. Beim Herbeibringen des Dummies: Auch prima. Nach dem Ausgeben des Dummies: Stopp! Hier hat sich ein Fehlverhalten eingeschlichen. Warum? Weil Sie, wenn Sie Ihren Hund jetzt loben, das Ausgeben bestätigen und nicht das Festhalten. Loben Sie also nur, solange er das Bringsel noch fest im Fang hält.
Anders ist es freilich bei einem Hund, der sein Bringsel nicht loslassen möchte. Hier heißt es, nicht das Festhalten übermäßig zu bestätigen, sondern das Loslassen. Ein solcher Hund wird überschwänglich gelobt, sobald er sein Apportel hergegeben hat.

Slalom: Ob Null, ob Acht – auf geht's, mitgemacht!

Ist der erste Poweransturm versiegt, sind die meisten Hunde gern auch für geruhsamere Beschäftigungsrunden oder Geschicklichkeitsspiele zu haben, dem Um-die-Beine-kreisen etwa.
Ob Ihr Hund nun eine Null oder Acht vor oder neben Ihrem Körper beschreiben oder ob er zwischen Ihren Beinen hindurchflanieren soll: Einige Leckerchen

in jeder Hand erleichtern den Lernprozess enorm. Sie können Ihren Hund damit (fast) überallhin locken. Nur eines dürfen Sie damit nicht tun: Ihn an der Nase herumführen. Hat er einen kleinen Schritt in die richtige Richtung getan, belohnen Sie ihn immer sofort dafür und geben ihm sein verdientes Leckerchen! Günstig ist es, in jeder Hand ein paar verlockende Käsebröckchen o. Ä. zu halten, dann braucht es kein leidiges Hin- und Herwechseln von links nach rechts und umgekehrt. So vermeiden Sie, dass Ihr Hund mehr damit beschäftigt ist, Ihre fortwährenden Leckerchen-Transaktionen zu beobachten, als sich auf die eigentliche Übung zu konzentrieren.

Kleine Kunststückchen zur Musik

Nehmen Sie sich nicht gleich eine große Choreografie vor, sondern gehen Sie jedes Bruchstückchen getrennt an. Dann bleibt Ihr Hund anhaltend bei der Stange und verliert nicht den Spaß an diesem seltsamen Treiben (das Sie, wenn Sie mögen und es Ihre Nachbarn nicht stört, wunderbar auch mit musikalischer Untermalung in Angriff nehmen können). Beginnen Sie beispielsweise folgendermaßen:
Ihr Hund sitzt links von Ihnen. Sie lassen Ihn dort eine Kreisbahn, z. B. gegen den Uhrzeigersinn, laufen – Leckerchen! Sie schicken ihn auf Ihre rechte Seite: Dort folgt derselbe Ablauf im Uhrzeigersinn – Leckerchen! Das Ganze wiederholen Sie einige Male (jeweils die Belohnung nicht vergessen!). Mit dem verlockenden Duft der Häppchen wird der vierbeinige „Tänzer" Ihren Handbewegungen ein ums andere Mal milimetergenau folgen. Beenden Sie die Übung, bevor Ihr Hund unaufmerksam wird. Nun kommt eine neue Herausforderung: Der Weg zwischen Ihren Beinen hindurch.

Ein fließender Ablauf – erst eine Acht vor Frauchens Körper...

Durch die Beine – fertig – los! Ihr Hund sitzt beispielsweise rechts von Ihnen. Sie machen mit dem linken Bein einen großen Schritt nach vorn und locken ihn (mit Ihrer linken Hand auf Höhe Ihrer Kniekehle) zwischen Ihren Beinen hindurch. Links von Ihnen angekommen darf er sich setzen. Und weiter geht das amüsante Spielchen, bei dem sich „hund“ so manches Leckerchen einverleiben darf: Also mit dem rechten Bein einen Schritt gehen und mit der rechten Hand den Hund zu Ihrer Linken zwischen den Beinen durchlotsen, usw. Wiederholen Sie auch diesen Teil der Übung einige Male. Und vergessen Sie nicht, schöne große Schritte zu machen und Ihren Hund bei jedem richtigen Wegstreckchen zu belohnen! Wenn Sie möchten, können Sie nun schon eine kleine Vorstellung geben: Also links ein Kreis, rechts ein Kreis, dann ein kurzer Zickzackparcours zwischen Ihren Beinen hindurch: Bravo! Und Schluss damit für heute.

Ostereier, Ostereier

Eiersuchen: Nicht nur an Ostern sollte dieses ernährungstechnisch wertvolle Spielchen auf der Tagesordnung stehen. Für unsere drei Hündinnen jedenfalls gibt es zweimal pro Woche ein Ei, hart gekocht mitsamt Schale. Doch in ihrem Napf kredenzt bekommen sie diesen leckeren Happen freilich nicht. Suchen müssen sie ihn – und zwar im Garten, selbst wenn es regnet. Jeder wird einzeln losgeschickt, damit es kein unnötiges Durcheinander gibt. Die Ranghöchste ist zuerst an der Reihe.

Und so geht's: Ich halte der Hündin das Ei vor die Nase „Siehst Du, was ich da Gutes habe?“, dann verschwinde ich nach draußen. Ohne dass mich die Hündin beobachten kann, verstecke ich das Ei – je nach Können der Drei an einem unterschiedlich schwierigen Ort (offen auf Asphalt, auf kurz gemähtem Gras, zwischen höheren Halmen, mit Laub oder Grasschnitt bedeckt oder z. B.

1

2

... danach Slalom zwischen ihren Beinen hindurch. Hunde, die an ein Zusammenwirken mit Ihrem Menschen gewöhnt sind, erlernen das binnen kürzester Zeit. Herrliche Kurzweil also, etwa während eines Spaziergangs, oder um die lästige Wartezeit vor einer Prüfung oder Hundeausstellung zu überbrücken.

Auf dem „Eierpfad"? Welcher Duft ist es wohl, der diesem Bloodhound in die Nase weht?

unter einer dünnen Erdschicht verborgen), und natürlich möglichst nicht an derselben Stelle wie beim letzten Mal. Dann kehre ich zurück ins Haus und schicke die Hündin los: „SUCH OSTEREI". In der Regel spurten die Hunde – ihren Riecher dicht über dem Boden – auf meiner Trittspur entlang. Dort, wo die Spur endet, suchen sie dann kleinräumig im Karree. Denn ich lege das Ei nicht direkt vor meinen Füßen ab bevor ich wende, sondern recke mich soweit ich nur kann, um es zu verstecken. Endet das Trittsiegel an einem Hindernis wie etwa einem Busch oder kleinen Bäumchen (und die Hunde sind am Boden nicht fündig geworden), sehen sie schon mal nach oben und schnuppern zwischen den Ästen. Denn auch dort könnte das „Ei des Kolumbus" aufs Entdecktwerden warten.

Spaziergang mit Überraschungseiern
Das Eiersuchen ist ein einfaches Spiel, das Sie auch auf Ihrem gemeinsamen Spaziergang einflechten können: Stecken Sie sich das gegarte Ei einfach in die Jackentasche, bevor Sie losmarschieren und „verlieren" Sie es irgendwo. Machen Sie Ihren Hund nach ein paar Metern auf den „Verlust" aufmerksam – er wird Ihnen sicher sofort bei der Suche behilflich sein. Freilich können Sie auch einen anderen Leckerbissen „verlieren". Schicken Sie Ihren Hund zurück. Er wird ihn finden. Wenn nötig, helfen Sie ihm ein wenig dabei. Entfernen Sie sich anfangs nicht zu weit vom späteren „Fundort", sonst wird die Suche für einen unerfahrenen Hund zu schwierig – überdies könnte sich sonst womöglich ein anderes hungriges Lebewesen der Leckereien bemächtigen ... Möchten Sie nicht, dass Ihr Vierbeiner unterwegs etwas Fressbares aufnimmt, „verlieren" Sie sein Spielzeug und schicken ihn dieses suchen.

Noch mehr Spiele, die im Frühling Spaß machen:
Scheibenfangen S. 29, Buddelspiele S. 34, Versteckspiele S. 30 u. S. 48, Fährtensuchspiele S. 41. Für drinnen: Leckerli auspacken S. 57, Blicke verfolgen S. 59, Das Hütchenspiel S. 57, Spielzeug auswählen S. 37.

Sommerfreuden
Wasser und andere Wonnen

Geschmeidige, biegsame Frisbees sind sicherer als solche aus brüchigem Hartkunststoff – zudem lässt sich damit ausgezeichnet um die Wette zerren.

Scheiben fangen für Flinke

Herrlich: Die Wiesen sind abgemäht – viel Platz für raumgreifende Aktivitäten steht zur Verfügung. Nutzen Sie diese Gelegenheit weidlich, denn bald schon ist das Gras wieder hochgeschossen und es folgt die Setzzeit. Keinesfalls dürfen Sie dann durch die hohen Halme brechen, auch nicht, wenn es Ihrem Vierbeiner noch so gefallen würde. Selbst ohne Jagdtrieb kann er Schaden anrichten, zum Beispiel, wenn er durch seine bloße Anwesenheit Wildtiere aufscheucht.
Ein flottes Frisbee-Spiel – wäre das jetzt keine tolle Idee? Dafür nämlich braucht man einen weichen, ebenen Untergrund ohne „Untiefen". Überdies sind die Temperaturen im Frühsommer meist noch recht moderat, sodass der Vierbeiner bei diesem anstrengenden Spiel nicht so schnell aus der Puste kommt. An ausdauernde Bewegung ist er durch Ihre Frühjahrsspiele ja bereits gewöhnt, also los geht's!

Willst Du's wirklich? Zum Einstimmen und für Hunde, die den „schwebenden Teller" noch nicht kennen, beginnen Sie am besten auf diese Weise:
Zeigen Sie Ihrem Hund die Frisbee-Scheibe und erwecken Sie diese mit Geräuschen und Bewegungen zum Leben. Lassen Sie die Scheibe zum Beispiel über den Untergrund huschen, hüpfen oder stolzieren – ohne sie dabei jedoch loszulassen. Werfen Sie die Scheibe ein paar Mal in die Luft und fangen sie selber wieder auf. Sind gerade einige Zweibeiner zur Stelle, werfen Sie das Frisbee auch horizontal vom einen zum anderen. So wird es bald unwiderstehlich für Ihren Vierbeiner werden – der im Moment allerdings noch nicht mitmachen darf. Kann Ihr Hund seine Begeisterung schließlich nicht mehr zügeln, ist ER dran:
Rollen Sie das Frisbee zunächst über den Untergrund, damit er ihm folgen und es greifen kann. Haben Sie einen Frisbee-Ring können Sie auch etwas Tauziehen damit veranstalten. Dann erst werfen Sie das Frisbee durch die Luft – am geschicktesten mit einer Rückhand, bei der Sie mit Ihrem Handgelenk die Rotation auf die Scheibe geben. Werfen Sie die Scheibe nicht zu hoch, damit sie nicht plötzlich abfällt und den Hund irritiert oder gar verletzt. Die doppelte Körperhöhe des Hundes reicht als Wurfhöhe erst einmal aus. Und werfen Sie zu Anfang auch nicht zu weit, damit Ihr Tier überhaupt eine Chance hat, das flüchtende „Ufo" zu erhaschen.

Besonders wichtig

Zielen Sie beim Werfen des Frisbees nie direkt auf Ihren Hund! Das Verletzungsrisiko beim Fangen ist sehr hoch.

Impressionen von der Frisbee-Wiese: Selbst die kompakten Labrador Retriever mit ihrem Faible fürs Apportieren machen hier gar keine so schlechte Figur.

„Flughunde" trainieren Mit hohen Sprüngen und strammem Nachspurten sollten Sie erst beginnen, wenn der Hund geübter ist, und wenn er eine mehrminütige Aufwärmrunde hinter sich hat. Denn die Belastung für sein Herz-Kreislauf-System und speziell für seine Muskeln und Gelenke ist bei dieser Beschäftigung enorm, auch wenn sie nur spielerisch betrieben wird. Unterbrechen Sie das Spiel deshalb gelegentlich. Gönnen Sie Ihrem Spielpartner eine kurze Ruhepause im Schatten und bieten Sie ihm Trinkwasser an. Beginnen Sie auch nicht zu früh mit derartigen Übungen (Ihr Hund sollte mindestens zwölf Monate alt sein) und spielen Sie das Frisbeefangen niemals mit einem gelenkkranken Tier. Gesunde Gelenke ist die wichtigste Voraussetzung für dieses Fitness-Spiel. Selbst wenn das Frisbee nicht besonders hoch geworfen wird oder aus schwierigen Positionen heraus gefangen werden muss wie beim wettkampfmäßigen „Scheibenfangen": Das Verbiegen und Drehen der Wirbelsäule beim Hochspringen und natürlich das anschließende Aufkommen und Abfangen des Körpers auf dem Boden belastet den Skelettapparat des Hundes erheblich.

Der Heuballen lebt

Abgemähte Wiesen bieten noch wesentlich mehr als nur freien Raum zum Toben. Die jetzt vielerorts lagernden Heuballen geben zudem vorzügliche Spielgeräte ab. Hoch- und Hinunterspringen kann hund hier nach Herzenslust. Auch „SITZ", „PLATZ", „STEH", „PFÖTCHEN GEBEN" oder „MÄNNCHEN MACHEN" kann er dort oben vorführen. Handelt es sich um flache Heuquader (die in Reihe angeordnet sind), lässt sich das Ganze zudem als Hürdenparcours zum Überspringen oder als Slalomstrecke gebrauchen. Rundballen stellen schließlich großartige Verstecke dar: für Mensch wie Hund.

Rund um die Rundballen Lassen Sie Ihren Hund absitzen bzw. von jemandem festhalten, und verschwinden Sie vor seinen Augen hinter einem Rundballen. Rufen Sie ihn. Er wird Sie sicher sofort

Stolz präsentiert sich dieser pfiffige Vierbeiner in „luftiger Höhe".

Den Spazierstock zur Hürde umfunktioniert und den Vierbeiner mit Lob und Leckerbissen auf den richtigen Weg gelotst ... einmal drüber (Signal: DRÜBER), einmal drunter durch (Signal: DUCKEN, ROBBEN o.Ä).

und ohne Umwege ausfindig machen. Schwieriger wird es werden, wenn er Sie beim Verstecken nicht mehr beobachten kann – wenn Sie ihn also beispielsweise hinter einer der Rollen ins SITZ bzw. PLATZ beordern, sich selber hinter einer anderen verstecken gehen und ihn anschließend zu sich rufen. Lassen Sie Ihren Hund ruhig etwas forschen. Helfen Sie ihm erst, wenn er Sie auch nach längerem Suchen nicht entdecken kann – z. B. indem Sie Geräusche von sich geben, seinen Namen rufen oder Ihre Hände hinter der Heurolle hervorlugen lassen und kräftig damit herumfuchteln. Lassen Sie Ihren Hund aber keinesfalls solange mutterseelenallein umherirren, dass ihn die Panik überkommt. Es könnte ihn stark verunsichern und ihm den Spaß am Suchen gründlich und auf Dauer verderben.

Finderlohn Hat er Sie gefunden, gibt es natürlich ein Freudenfest. Ein großes Leckerchen hat sich Ihr Vierbeiner verdient oder ein kleines Zerr- bzw. Apportierspiel. Anschließend können Sie sich erneut verstecken – oder ein völlig neuartiges Spielchen am Heuballen kreieren. Wie wär's mit „Fangen spielen" rund um den Rundballen, einem „Spielzeug dahinter verstecken" oder mit dem Spiel „Hindernisse bewältigen"? Solange Sie die Arbeit der Landwirte bei Ihren Spielen nicht zerstören, sind Ihrer Fantasie keine Grenzen gesetzt.

Lebensfreude pur! Nach dem „Tauchgang" bitte die äußeren Gehörgänge des Hundes trocken tupfen, damit keine Mittelohrentzündung entsteht!

Wasser – ist nicht nur zum Waschen da

Hochsommer: Sengender Sommersonnenschein und schwüle Hitze – da tun Schatten und Abkühlung gut, ja, können sogar lebensrettend sein. Hunde mit dichtem, langem Haarkleid leiden noch wesentlich stärker unter solchen Unbilden als diejenigen mit einem dünnen Fell. Trotzdem darf man niemals glauben, die Dünnfelligen würden alles aushalten. Leider wird Hunden in dieser Hinsicht viel zu viel zugemutet.

Ein kleines Bad Ideal ist es bei einer solchen Witterung, wenn sich Ihr Tier schwimmend Abkühlung verschaffen kann. Ein langsam fließendes Gewässer bietet sich geradezu dafür an. Vorsicht heißt es bei schnellen Fließgewässern oder stark verschmutztem Wasser, aber auch bei kleinen stehenden Gewässern und Brackwasserseen, die vor allem während der heißen Jahreszeit von Algen übersät sein können. Gelangen diese Algen in größerer Zahl in den Körper des Hundes (übers Maul bzw. Hautoberfläche!) drohen Vergiftungssymptome.

„Bauchplatscher" Achten Sie darauf, dass der Einstieg ins Wasser nicht zu steil und das Ufer nicht mit Scherben oder anderem Unrat übersät ist, damit sich Ihr Hund nicht verletzen kann. Denn einmal kühles Nass gewittert, rasten mache Wassernarren förmlich aus und spurten dann unzählige Male vom Land ins Wasser und wieder zurück, ohne auch nur einen einzigen Blick auf derlei „Nebensächlichkeiten" zu verwenden. Hier heißt es deshalb für Sie Weitsicht zu üben!

Für „Wellenbrecher" Am Meer müssen Sie darauf achten, dass Ihr Vierbeiner weder zu weit hinausschwimmt noch bei hohem Wellengang ins Wasser geht. Zu viel Salzwasser trinken sollte er bei seinen Spielaktivitäten freilich auch nicht – das kann Durchfall verursachen.

Wasserscheue Gehört Ihr Hund zu jenen Tieren, die „wie der Storch im Salat" durchs Wasser staksen und sich niemals weiter wagen als bis zur Bauchlinie? Manchmal hilft solchen Vierbeinern ihre Scheu zu überwinden, wenn sie zusam-

Wichtig

Lassen Sie Ihren Hund nie in ein unbekanntes Gewässer hineinspringen! Er könnte sich dabei schwer verletzen. Der Hund, aufgespießt auf einem Holz- oder Metallstück, das unter der Wasseroberfläche verborgen lauert: Ein schrecklicher Gedanke.

Kneipptreten: Nicht nur für die ganz Kleinen ist das ein Riesenspaß.

Beim Wasser-Apport: Werfen Sie das Apportel anfangs nicht zu weit hinaus. Ihr Hund sollte unbedingt erfolgreich sein und das Bringsel erreichen können. Sind Sie sich nicht 100-prozentig sicher, dass er es wirklich holen wird, binden Sie es einfach an eine Schnur. Dann können Sie es im Bedarfsfall wieder einholen.

men mit Ihrem Menschen oder anderen Hunden schwimmen gehen dürfen, oder wenn es ein schwimmfähiges Dummy aus dem Wasser zu apportieren gilt. Sollten auch solche Versuche nicht von Erfolg gekrönt sein, erzwingen Sie nichts! Akzeptieren Sie einfach, dass Ihr Hund keine „Wasserratte" ist.

Apportierspiele im Wasser Ein Apportierspiel ist auch in flachem Wasser gut machbar. Wie es aussehen kann? Ebenso wie oben beschrieben, nur, dass es Ihrem Vierbeiner angesichts des aufs Wasser platschenden Bringsels nun wahrscheinlich noch schwerer fallen wird, ruhig an Ihrer Seite zu verharren, bis Sie ihn zum Apportieren schicken. Und, dass er sich bei seiner Rückkehr schütteln und von dem triefenden Nass in seinem Haarkleid befreien wird. Ob er dies tut, bevor er das Dummy an Sie übergeben hat oder erst danach, ist für das spielerische Apportieren (anders als fürs professionelle) einerlei. Hauptsache ist, er schafft das Bringsel zu Ihnen – egal, ob Wasserdummy, Kunststoffente oder Schwimmring.

Zum Buddelplatz im Garten gehört auch ein schöner Ausguck für den Hund, wenn möglich sogar ein kleines Wasserbassin – für die (hoffentlich nicht zu lange) Zeit zwischen den gemeinsamen Spielrunden.

Buddeln, bis die Ballen brutzeln

Ob am Sandstrand, auf Wiesen oder im heimischen Garten: die meisten Hunde sind enthusiastische Buddler. Auf Äckern und Weiden sollten Sie Ihrem Tier das Buddeln zwar nicht gestatten, aber wie steht's mit dem herrlich weichen Sand am Strand? Wenn sich Ihr Vierbeiner dazu einen Hundestrand aussucht und SIE den Krater „nach Gebrauch" wieder zuschütten, hat bestimmt niemand etwas dagegen. Zuhause einen eigenen Buddelplatz für den Hund einzurichten, ist allerdings das Allerbeste und vor allem auch das Sicherste, denn so große Mäusepopulationen wie auf einem Getreideacker dürfte es auf einem gepflegten Rasen oder Blumenbeet vermutlich nicht geben. Mäuse sind nämlich für viele Hunde der eigentliche Auslöser fürs Graben. Doch glücklicherweise lässt sich ihr Interesse umlenken – auf verbuddelte Leckerchen zum Beispiel.

Ausgrabungen für Caterpillar Suchen Sie zunächst eine geeignete Stelle aus (weit entfernt von giftigen Zierpflanzen oder Ihrem Rosen- bzw. Erdbeerbeet) und vergraben Sie dort, nicht zu tief, ein paar größere, unwiderstehlich lecker duftende Guddies. Lassen Sie Ihren Hund dabei zusehen. Sind Sie fertig mit

Ihrem Werk, tippen Sie auf die Grabungsstelle. Vermutlich wird Ihr Hund sich nicht ein zweites Mal bitten lassen ... Loben Sie ihn kräftig!
Nach und nach – Sie kennen das nun schon – geben Sie, während er gräbt, ein stimmliches Zeichen, „BUDDELN", „DIG DIG" oder was auch immer Sie verwenden möchten. Es wird nicht lange dauern, und Sie können Ihren Vierbeiner mit diesem Zauberwörtchen zum legitimen Buddeln in den Garten schicken, just an diese Stelle. Enttäuschen Sie ihn aber nicht all zu oft, weil Sie mal wieder versäumt haben, dort etwas Leckeres zu vergraben.
Sollte Ihr Hund nicht gleich mit Schürfen beginnen und Sie nur verwundert anblicken, helfen Sie ihm – indem Sie sich nun selber auf den Boden legen und beim Ausgraben des Leckerbissens mitmachen ... Überlegen Sie sich jetzt schon eine Erklärung für Ihre Nachbarn. Sie haben die Gardine doch auch wackeln sehen?

Spielzeug, Spielzeug überall

Zum Verbuddeln und wieder Ausgraben eignen sich – neben größeren Leckerbissen – natürlich Spielsachen. Spielzeug lässt sich ebenso gut draußen verstecken, in einer Astgabel, hinter einem Baumstamm, in einem Heuhaufen oder unter einem umgedrehten Laubkorb. Die Möglichkeiten sind nahezu grenzenlos. Mit Spielzeug lassen sich zudem packende Zieh- und Zerrspiele veranstalten, und hund kann es apportieren – an Land, aus der Luft, aus dem Wasser. Manchen „Wasserratten" ist das Einsammeln von Spielsachen, die ruhig auf der Wasseroberfläche dümpeln, zu langweilig. Sie tauchen lieber nach abgesunkenen Gegenständen.
Spielsachen können auch eingesetzt werden, um dem Hund beizubringen, dass Spielzeug nicht gleich Spielzeug ist, und damit er lernt es aufzuräumen. Ist es doch der Traum eines jeden Hundehalters, einen Vierbeiner zu haben, der sein Spielzeug selber wegräumt.

Mäuse-Schreck

Interessiert sich Ihr Hund überhaupt nicht für versteckte Leckerbissen unter der Erde oder im Sand? Steht ihm – selbst im heimischen Garten – wirklich ausschließlich nach Mäusen der Sinn, und neigt er obendrein dazu, die Nester der Nager nicht nur auszugraben, sondern die Tiere auch zu verspeisen? Dann verbieten Sie Ihm das Buddeln fortan rigoros. Kein Spielchen wird mehr daraus gemacht. Infektionen drohen, wie zum Beispiel mit dem gefährlichen Fuchsbandwurm. Denn die kleinen Nager sind oft Träger von Würmern und verschiedensten Bakterien.

Erst kramt die Hündin nach dem passenden Bringsel, dann schafft sie es freudig herbei und spuckt es in die ihr hingehaltene Kiste.

Spielzeug aufräumen Auf Geheiß holt Ihr Hund ein Spielzeug und schafft es in eine bereitgestellte Kiste – alles meterweit von Ihnen entfernt: Das wäre doch der Knüller auf einer Ihrer Sommerparties. Aber von nichts kommt nichts. Also heißt es üben.

Knien Sie sich zunächst hinter besagte Kiste und schicken Sie Ihren Hund, zum Beispiel mit dem Hörzeichen „HOL'S", zu einem vor ihm liegenden Spielzeug. Sobald er es aufgenommen hat und sich auf den Weg zu Ihnen macht, loben Sie ihn. Ist Ihr Hund ein versierter Apporteur, wird er das Bringsel nun so lange zwischen den Kiefern halten, bis Sie ihn zum nächsten Schritt auffordern.
Auf das Zeichen „GIB AUS", oder Ihre dargebotenen Handflächen, legt er das Spielzeug in Ihre Hände – so ist er es gewohnt. Jetzt aber möchten Sie, dass er das Bringsel in eine Kiste hineinfallen lässt. Also schieben sie ihm die Kiste hin, oder halten sie ihm unter den Fang. Lässt er das Bringsel fallen, begleiten Sie dies mit Ihrem neuen Hörzeichen, etwa „PLOPP". Loben nicht vergessen! Wiederholen Sie das einige Male pro Tag, ungefähr eine Woche lang.
Wann immer Sie nun mit dieser Kiste erscheinen und Ihren Hund zu einem Spielzeug schicken, wird er es bereitwillig holen und dort hineinplumpsen lassen. Untermalen Sie das ganze Prozedere mit einem freundlich-auffordernden Stimmsignal, z. B. mit „AUFRÄUMEN".
Bis Sie die Kiste irgendwo abstellen und sich bequem in den Lehnstuhl setzen können, während Ihr Hund einzig auf dieses Signal hin mit seinen Aufräumaktivitäten beginnt, bedarf es mit Sicherheit noch einige Zeit harten Trainings. Unterstützen Sie Ihren Hund! Begleiten Sie ihn anfangs auf seinem Weg

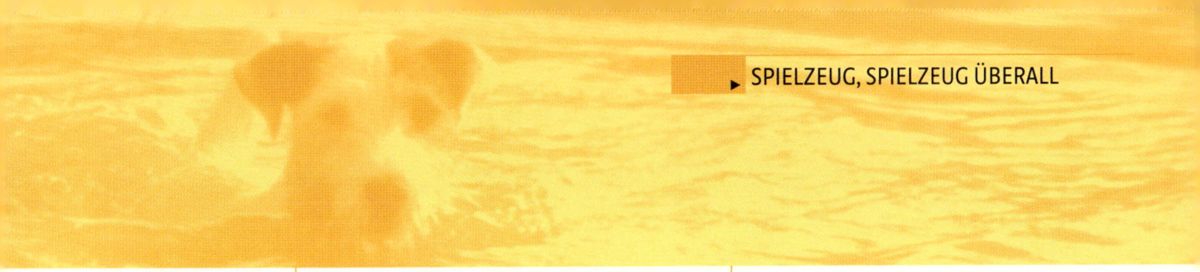

zur Kiste, das macht es ihm leichter. Erst nach und nach bleiben Sie immer ein kleines bisschen weiter hinter ihm zurück, wenn er sich mit dem Spielzeug im Fang zur Kiste trollt.

Kennt ihr Hund sein Spielzeug? Möchten Sie, dass Ihr Hund das Spielzeug nicht wahllos schnappt, sondern jeweils nur ein ganz bestimmtes herbeischafft? Nun, dann muss er wissen, welches davon überhaupt Tau, Dummy oder etwa

„HIER!" durch eine Gasse voller Spielutensil – und dabei all diese Verlockungen links liegen lassen: wirklich keine leichte Aufgabe.

Dino heißt. Vermitteln Sie ihm dieses Wissen, indem Sie jedes Spielzeug benennen, wann immer sie gemeinsam damit spielen – „SUCH DEN DINO", „HOL DAS DUMMY", „WO IST DAS TAU". Verwirren Sie ihn aber bitte nicht mit Ihrem Redeschwall. Gehen Sie gezielt vor und spielen Sie an einem Tag nur mit dem Dino (den Sie immerfort so betiteln), am folgenden Tag ausschließlich mit dem Tau, usw. Wenn Sie den Eindruck haben, Ihr Hund registriert die Namen der Spielsachen, nehmen Sie sich zwei davon zur Hand und legen Sie sie vor den Augen Ihres Hundes auf den Boden, etwa drei Meter von Ihnen entfernt und in rund zwei Metern Abstand – sagen wir den Dino und das Tau.

Bring den Dino Schicken Sie Ihren Vierbeiner nun los, z. B. mit „BRING DEN DINO" (Sie können Ihm helfen, wenn Sie zudem in die entsprechende Richtung weisen.) Bringt er den Dino: Wunderbar! Ein riesiges Lob ist fällig. Greift er sich das Tau, gibt es verschiedene Möglichkeiten, wie Sie reagieren können. Entweder Sie rufen jetzt sofort „NEIN!, BRING DEN DINO", um ihn zu korrigieren, und zeigen auf den Dino. Oder Sie nehmen, wenn er das Tau schon geschnappt hat und damit auf dem Weg zu Ihnen ist, dieses wortlos entgegen und verfrachten es just an die Stelle, an der es vorher lag. Nehmen Sie den Dino kurz vom Boden auf, zeigen ihn Ihrem Hund – „SCHAU, DINO" – und kehren Sie zu ihm zurück. Heißen Sie ihn nun erneut, den Dino zu holen. Eilt er los und greift sich das gewünschte Bringsel, folgt bereits jetzt Ihr überschwängliches Lob – das Sie so lange fortsetzen sollten, bis er mit dem Dino bei Ihnen angelangt ist. Klasse war's! Und genug fürs Erste.

Kleine Gefälligkeiten und Geschicklichkeitsaufgaben

Neben dem Spielzeug-Aufräumen auf Zuruf gibt es noch unzählige weitere Hingucker für Ihre Sommerfeste, das „Männchen machen" zum Beispiel.

Männchen machen Viele Hunde zeigen es ganz von selbst. Weil sie für diese putzige Verhaltensweise meist überschwänglich gelobt werden, behalten Sie es bei, ja praktizieren es sogar immer wieder, um dem Zweibeiner Leckerchen oder Streicheleinheiten zu entlocken. Wenn solche Hunde zudem in direkter zeitlicher Beziehung zu diesem spontan gezeigten Verhalten ein stimmliches Signal wie „MACH MÄNNCHEN" o. Ä. hören, bzw. ein bestimmtes Sichtzeichen erhalten, führen sie es schließlich bereitwillig auf diese Signale hin aus.

Gehört dieses Verhaltensmuster noch nicht zum Standardrepertoire Ihres Vierbeiners und Sie möchten es trainieren, belohnen Sie ab jetzt jede dahingehende Verhaltensnuance. Lassen Sie Ihren Hund zum Beispiel vor einer Wand die Sitzposition einnehmen. Stellen Sie sich dicht vor ihn und halten Sie ihm ein Leckerchen hin, am besten ein bisschen über seinen Kopf in Richtung Nacken geführt. Er wird seine Vorderpfoten sicher bald vom Boden abheben, um sich höher recken zu können und das Leckerchen zu erreichen. Jetzt heißt's: Lob und Leckerchen.

Bieten Sie ihm das Leckerli nicht zu weit hinten an, damit er nicht rücklings umkippt, und auch nicht zu weit oben, sonst hebt er seinen Po an oder springt womöglich hoch. Falls er doch so reagieren sollte, ignorieren Sie das Fehlverhalten und starten von vorn.

Möchten Sie, dass er sich streckt und reckt (Signal: „WIE GROSS BIST DU" oder „RECK DICH"), belohnen Sie selbstverständlich speziell diese Verhaltensweise. Wenn Sie das Leckerchen über seinem Kopf kreisen lassen, „tanzt" Ihr Vierbeiner vielleicht sogar.

GIB LAUT: So einfach es anmutet, wenn's funktioniert, so schwierig ist es gelegentlich, dieses Verhalten gezielt auszulösen. Bei Tieren, die spontan bellen, ist es leicht. Doch tatsächlich gibt es Hunde, die ihr Mäulchen einfach nicht aufmachen möchten. Bei ihnen heißt es, sich in Geduld zu üben, und warten, warten, warten ... bis sie endlich doch einmal einen winzigen Mucks von sich geben. Dann ist ein Freudentanz fällig.

Freilich lässt sich Bellen (in diesem Fall ein so genanntes Erregungsbellen) auch provozieren, nämlich indem man dem

Bellen auf Kommando – mit der „Spielzeug-Variante" zum Erfolg:
Das Lieblingsspielzeug des Hundes wird weit oben in einer Astgabel versteckt. Gelingt es dem Vierbeiner weder mittels Recken, Strecken noch mit heftigem Kratzen das begehrte Utensil zu erreichen, wird er vielleicht auffordernd bellen. Nun heißt es: kräftig loben, das Spielzeug herunterholen und eine gemeisame Toberunde anschließen.

Hund etwas verweigert, was er gern haben möchte – Einlass ins Haus beispielsweise oder einen Leckerbissen bzw. ein Spielzeug. Gehen Sie zum Beispiel folgendermaßen vor:
Ihr Hund befindet sich gerade im Garten. Sie halten ihm dort ein Bröckchen Pansen oder einen Trockenfisch vor die Nase – „Sieh mal, was ich da Feines für dich habe?" Er wird aufgeregt daran schnuppern und es zu erhaschen versuchen. Geben Sie ihm den Leckerbissen aber nicht, sondern marschieren Sie zügigen Schrittes damit ins Haus und schließen Sie die Terrassentür noch bevor er Ihnen folgen kann. Vor den Augen Ihres verdutzten Vierbeiners wedeln Sie drinnen mit dem verlockenden Guddi herum. Vielleicht kratzt er an der Tür, ignorieren Sie es. Vielleicht jedoch fiept, wufft oder bellt er zaghaft: Dann bestätigen Sie ihn sofort in den höchsten Tönen („FEIN, GIB LAUT"), öffnen mit großen Hallo die Tür und überreichen ihm den wohlverdienten Leckerbissen.

Er spricht nicht mit mir Trollt sich Ihr Vierbeiner jedoch, ohne einen einzigen Laut von sich gegeben zu haben, müssen Sie noch mehr Zeit investieren und abwarten, was geschieht. Kommt er herbei und lugt neugierig durch die Scheibe? Dann zeigen Sie ihm den Leckerbissen erneut. Wenn's wieder nicht klappt, legen Sie das Guddi beiseite und gehen – sitzt Ihr Hund gerade mal nicht vor der Tür – zu ihm hinaus in den Garten. Lassen Sie ihn dort irgend etwas tun, was er gut kann und loben Sie ihn ausgiebig dafür. Frust soll er schließlich keinen davon tragen. Die Übung „GIB LAUT" steht erst morgen wieder auf dem Stundenplan.

Noch mehr Spiele, die im Sommer Spaß machen:
Geruchsunterscheidungsspiel S. 46, Spielzeug S. 53 oder Leckerchen suchen S. 55, Apportieren über Hindernisse S.21, Spuren verfolgen S. 44.
Für drinnen: Eier finden im Haus S. 26, Socken ausziehen S. 54.

Herbststimmung
Indian Summer vor der Haustür

Spurenleser unterwegs

Die perfekte Witterung Herbstzeit ist Jagdzeit – auch für den nur spielerisch tätigen Hund. Machen Sie Ihrem Vierbeiner doch die Freude und lassen ihn jetzt ausgiebig Spuren suchen. Gerade in dieser Jahreszeit ist die Witterung für das Auskundschaften von Fährten ausgesprochen günstig, was speziell dem unerfahrenen Spurenleser zugute kommt. Es ist weder so heiß und trocken wie im Hochsommer, noch so klirrend kalt wie im Winter, zudem ist es meist nicht ganz so nass wie im zeitigen Frühjahr, dafür in der Regel mild und leicht feucht. Dieses moderate Klima mögen Bodenbakterien besonders gern und arbeiten deshalb äußerst effektiv. Was das mit dem Fährten zu tun hat? Ganz einfach: Je effektiver diese Bakterien arbeiten, umso leichter fällt es dem Hund, Spuren am Boden zu entdecken. Weil sie durch ihre Stoffwechselprozesse Düfte stärker hervorheben (solche, die durch die Bodenverwundung beim Laufen, Schleppen usw. entstehen, wie auch solche, die das ausgelegte bzw. geschleppte Utensil verursacht haben), liefern sie dem Hund wesentlich detailliertere geruchliche Informationen über die zu verfolgende Fährte als sonst. Zudem sind nun die Wiesen abgemäht und die meisten Felder abgeerntet – ideale Bedingungen für ein Spurensuchspiel. Erfahrene Hunde finden Fährten auch in dicht bewachsenem Gelände, Neulinge sind hier überfordert.

Leckere Leckerchen-Fährte Legen Sie Ihrem Vierbeiner zum Beispiel eine Leckerchen-Fährte, die er „naschend" verfolgen kann. Oder ziehen Sie eine kurze Schleppspur für ihn, der er nachspüren darf und an deren Ende eine faszinierende Überraschung auf ihn wartet. Natürlich brauchen Sie dafür weder Feder- noch Haarwild zu schießen: Hundespielzeug oder Dummies erfüllen denselben Zweck. Und so packen Sie's an:

Auf der Leckerchen-Fährte

Solange Ihr Hund noch keine Erfahrung im Spurenlesen hat, lassen Sie ihn zusehen, wenn Sie die Fährte legen. Am geschicktesten ist es, wenn ihn jemand dabei festhält, denn vermutlich wird er seine Neugierde bald kaum mehr zügeln können und Ihnen sonst „vor der Zeit" hinterherspurten.

Auf einer kurz gemähten Wiese oder einem weichen Acker stecken Sie zunächst ein kleines Markierungsstöckchen in den Boden, damit Sie den Fährtenabgang, also den Beginn Ihrer Spur, nachher wiederfinden. Dann treten Sie vorsichtig den Untergrund ein bisschen nieder, am besten in Form eines Dreiecks mit einer Spitze in Richtung des geplanten Fährtenverlaufs, und streuen dort einige Leckerchen aus. Winzige Käsebröckchen eignen sich besonders gut. Unmittelbar hinter dieser Spitze (an der Sie die meisten Leckerchen platzieren sollten) marschieren Sie

Die Leckerli-Fährte: Ein verführerisches Spiel für Hunde aller Altersklassen. Je jünger und unerfahrener der Vierbeiner, umso kürzer und „leckerchen-reicher“ muss die Fährte sein; für den Profi ist sie schließlich nur noch eine Art Trittspur, mit Leckerbissen an markanten Stellen.

los, indem Sie einen Fuß sorgsam direkt vor den anderen setzen und in den hinterlassenen Fußabdruck jeweils ein Käsebröckchen legen ... immer geradeaus, rund 20 bis 30 Meter weit. Zugegeben: Das geht ins Kreuz. Doch der Spaß Ihres Hundes beim Ausarbeiten der Fährte wird Sie dafür entschädigen. Und später können Sie freilich größere Schritte machen und brauchen nur noch in jeden zweiten oder dritten Fußabdruck einen Leckerbissen zu legen. Ans Ende Ihrer Fährte kommt ein besonders großes Käsestück oder ein ganzes Häufchen Käsebröckchen, das sich Ihr Hund nach erfolgreicher Suche einverleiben darf. Mit einem Riesenschritt treten Sie schließlich zur Seite und kehren (mehrere Meter entfernt vom Fährtenverlauf) zu Ihrem Hund zurück.

Naseneinsatz ist gefragt Jetzt endlich ist Ihr Vierbeiner an der Reihe. Angeleint führen Sie ihn zum Fährtenabgang und lassen ihn dort den Boden abschnuppern. Das Käsehäufchen am Beginn der Spur wird ihn sicher fesseln. Ist er fertig mit Mampfen, drängt es ihn bestimmt auf den verführerisch duftenden Pfad. Lassen Sie ihn gewähren. Ohne Hektik zu verbreiten, begleiten Sie ihn auf seinem Weg Richtung Jackpot und loben ihn mit „FEIN, SUCH“ für jedes Wegstückchen, das er ruhig meistert.

Anlaufprobleme Findet er das Ganze noch nicht sehr spannend, lassen Sie ihm Zeit. Ist Ihr Hund stark an Ihnen orientiert, weisen Sie immer wieder mit der Hand auf die Trittspur und fordern ihn freundlich-lockend auf weiterzusuchen. An der Leine voranzerren sollten Sie ihn nicht. Bekundet er auch nur geringstes Interesse, loben Sie ihn sofort in den höchsten Tönen.

Die Übereifrigen Haben Sie dagegen einen Vierbeiner an Ihrer Seite, der zwar mit viel Spaß, aber sehr schnell auf die Strecke geht, müssen Sie mit Lob eher sparsam umgehen. Er würde sich sonst nur noch mehr beeilen. Einen solchen Spurenleser loben Sie bitte immer nur dann, wenn er sein Tempo reduziert und weniger vehement vorgeht.
Am Ziel angelangt, darf Ihr Hund den Lohn seiner Anstrengungen genießen: Guten Appetit! Und genug für diesmal.

Tipp

Fegt Ihr Vierbeiner wie ein Sturmwind über die Fährte und lässt die meisten Leckerli unbeachtet liegen, machen Sie einfach größere Schritte (damit er mehr Zeit aufs Suchen des Streckenverlaufs verwenden muss) und häufeln pro Fußabdruck mehr Leckerbissen auf: Das wird seine Geschwindigkeit drosseln.

Auf zum nächsten Level Bald schon dürfen Sie die Fährte länger auslaufen – bis zu (mehreren) hundert Metern, wenn Sie mögen. Auch leichte weite Bögen können Sie nun einbauen, damit es Ihrem Hund nicht langweilig wird. Schafft er solche Strecken problemlos, gehen Sie dazu über, anstelle der sanften Bögen immer schärfere Winkel auszutreten. Vor diesen sollten Sie wieder etwas kleinere Schritte machen und die Leckerchendichte etwas erhöhen. Für die Wegstrecke kurz hinter einem Winkel empfiehlt sich dieses Vorgehen ebenfalls.

Zur Abwechslung, und um den Schwierigkeitsgrad zu steigern, schicken Sie Ihren Hund gelegentlich auf eine Suche in anspruchsvolles Terrain, etwa auf einer dicken Laubschicht, über Kies oder trockenen Asphalt. Leckerlies gibt's am Fährtenabgang, an schwierigen Stellen der Route und am Fährtenende.

Die lange Feldleine verhindert, dass der „Hungrige“ die Laufstrecke zu stürmisch nimmt. Übrigens: Auch Gelenkkranke oder Pummelchen dürfen hier mitmachen. Eine Bedingung gibt es – die verwendeten Leckerbissen werden bei der nächsten Mahlzeit rigoros abgezogen.

Rückenwind. Der Fährtenabgang ist markiert, das „Schleppwild" (hier ein mit Fuchsfell ummanteltes Dummy) an eine Kordel gebunden, und los geht der Schleppenleger.

Der Hund darf (jetzt noch angeleint) am Fährtenabgang Witterung aufnehmen … dann wird er mit „SUUUCH" losgeschickt: Ausgezeichnet! Schnell gefunden und vorbildlich gebracht.

Einer Schleppspur auf der Spur

Anstatt einer mit Leckerli gespickten Fährte können Sie Ihren Hund auch einer duftenden Schleppspur nachspüren lassen. Ohne dass Sie beim Fährtenlegen einen Schritt dicht vor den anderen zu reihen brauchen, markieren Sie ihm dabei ebenso einen kontinuierlichen Streckenverlauf, an dem er sich ausrichten kann. Binden Sie einfach ein Stück Trockenpansen oder ein kleines Schweinsohr an eine Kordel und ziehen Sie es hinter sich her über die Wiese. Am Fährtenende knüpfen Sie den Leckerbissen ab und legen ihn auf den Boden: Ihr Hund wird ihn mit Sicherheit genüsslich verspeisen – ob direkt vor Ort oder etwas abseits in einer Deckung, in die er sich mit seiner „Beute" zurückgezogen hat? Probieren Sie es aus, dann wissen Sie's.

Für fortgeschrittene Pfadfinder Kennt Ihr Vierbeiner Ihr „Pathfinding-Spiel" bereits, nehmen Sie ruhig gleich eine etwas längere, aber noch geradlinige Wegstrecke in Angriff – 50 bis 75 Meter ungefähr. Die ersten Meter nach dem Fährtenabgang gehen Sie möglichst langsam, danach in normalem Tempo. Achten Sie darauf, dass Ihr „Schleppgut" dabei schön über den Boden schleift und nicht unkontrolliert hin und her schleudert.
Gelingt dem Hund die Suche, verlängern Sie die Spur noch ein wenig und lassen das gezogene Utensil absichtlich einige Hopser beziehungsweise Schlenker machen. Bauen Sie auf Ihrem Pfad auch wieder „Kurven" ein – erst als offene Bögen, danach in Form scharfer Winkel. Lassen Sie die Fährte immer wieder mal einige Zeit liegen, will heißen: Schicken Sie Ihren Hund nicht jedes Mal unmittelbar nach dem Legen zum Suchen, sondern warten Sie damit mindestens 15 Minuten.

Bodenvielfalt Üben Sie in unterschiedlichem Gelände und ziehen Sie Ihre Schleppen auf verschiedensten Untergründen. Auf trockenem Kies, Sand oder Asphalt ist das Spurenlesen am schwierigsten. Bei einem geübten Spurenleser können Sie sogar innerhalb eines einzelnen Fährtenverlaufs gezielt Geländeübergänge einbinden, also beispielsweise von der kurz gemähten Weide über einen Schotterweg auf den gegenüberliegenden weichen Ackerboden

Tipp
Achten Sie beim Legen der Fährte darauf, dass Sie Rückenwind (evtl. Seitenwind) haben. Das erleichtert Ihrem Hund die Suche. Zudem sollten Sie Winkel nicht gegen den Wind abknicken oder Streckenabschnitte nicht zu dicht nebeneinander verlaufen lassen: Ihr Hund könnte „Wind davon bekommen" und von seiner Spur abweichen, um schneller ans Ziel zu gelangen. Auch sollten Sie einen Winkel nicht derart anlegen, dass Ihr Hund, überschießt er diesen, automatisch auf der weiterführenden Strecke landet.

überwechseln. Auch natürliche Hindernisse sollten Sie nutzen, einen umgestürzten Baum zum Beispiel, über den Sie das Schleppgut sorgfältig hinüberziehen. Das fordert Ihren Hund. Doch beginnen Sie auf keinen Fall zu früh mit solch hohen Schwierigkeitsgraden, sonst verliert er bald die Lust am Suchen. Helfen Sie Ihrem Tier anfangs – zum Beispiel, indem Sie vor Geländewechseln langsamer laufen, das Schleppgut damit weniger rasch über den Boden huschen und so die Schleppspur geruchlich deutlicher hervortreten lassen.
Am Ende der Fährte angelangt, können Sie das Schleppgut einfach auf den Boden legen. Wenn es nicht ganz so leicht sein soll, können Sie es aber auch mit einer dünnen Laubschicht bedecken, es hinter einem Baumstumpf auslegen oder im Sand verbuddeln.

Variante Anstelle von Fressbarem können Sie auch ein Spielzeug an die Kordel knoten und damit eine Schleppe ziehen. Als Belohnung am Schleppenende winkt das gemeinsame Spiel mit dem „Fundstück". Zeigen Sie Ihrem Hund das Spielzeug und lassen Sie ihn daran schnüffeln, bevor Sie losgehen.

„FINDE MEINS": Ein nettes Nasenspiel für alle Hunde, selbst für die Kurzschnauzen unter ihnen.
Ein bis zwei „Verleitungsklammern" genügen für den Anfang. Apportierfreudige Tiere nehmen die ausgelegten Klammern gern in den Fang und tragen sie herum. Handelt es sich dabei um das richtige Stück, wird sofort mit Lob bestätigt. Beschäftigt sich der Hund mit einer der geruchsneutralen Klammern: Kein Kommentar.

Wenn Waschtag ist

Bei diesem Spiel geht es erneut ums Apportieren – allerdings nicht um das Apportieren von Wäschestücken zur Waschmaschine (doch warum eigentlich nicht auch dies?), sondern um das Erkennen und Bringen eines einzelnen, ganz bestimmten Gegenstands, der zwischen vielen gleichartigen liegt, zum Beispiel einer Wäscheklammer, eines Taschentuchs oder Ähnlichem. Das besondere Merkmal dieses Einzelstücks: Herrchens (bzw. Frauchens) Duft haftet daran.

Welches riecht nach Herrchen? Unser Geruchsunterscheidungsspiel lässt sich wie folgt angehen:
Sie besorgen sich eine Packung Holzwäscheklammern und vermeiden, diese mit den bloßen Fingern zu berühren – mit Ausnahme einer. Diese zwicken Sie z. B. an Ihrem Unterhemd fest, oder Sie klemmen sich das Utensil für ungefähr 15 Minuten unter die Achsel. Sie können die Wäscheklammer auch in die Hand nehmen und für eine halbe Stunde in Ihrer geschlossenen Faust halten. Besser ist es allerdings, wenn Sie beide Hände frei haben – für das was nun zu tun ist: Mit einer Grill- oder Gebäckzange (die Sie nur am Griff anfassen dürfen!) fischen Sie sich ein paar Klammern aus der Packung, transferieren Sie in einen gut schließenden, aber leicht zu öffnenden Kunststoffbehälter und machen sich, zusammen mit Ihrem Hund und einem Helfer, auf den Weg zu Ihrer Spielarena. Diese kann sich im Haus befinden, aber ebenso gut auch draußen. Wichtig ist für den Anfang nur, dass der Hund die auf dem Untergrund ausgelegten Wäscheklammern gut sehen kann und nicht erst mühevoll, im hohen Gras womöglich, danach suchen muss. Beim ersten Mal darf der Vierbeiner Ihr geheimnisvolles Treiben beobachten, danach nicht mehr.
Während Ihr zweibeiniger Begleiter diesmal den Hund festhält, entnehmen Sie vorsichtig mit der Gebäckzange zwei Klammern aus der Box und legen

Wichtig

Wählen Sie nie denselben Platz für dieses Geruchsunterscheidungsspiel. Liegt nämlich bei einem erneuten Spieldurchgang eine eigentlich geruchsneutrale Klammer genau an der Stelle, an der zuvor die nach Ihnen duftende gelegen hat, verwirrt das Ihren Hund unnötig.

diese im Abstand von rund einem Meter zueinander vor sich auf den Boden. Zücken Sie jetzt mit viel Tamtam Ihre „Körperklammer" – und lassen Sie Ihren Hund daran riechen, bevor Sie sie neben den anderen auslegen.
Nun endlich darf er starten. Vermutlich wird er sich zunächst für alle Klammern gleichermaßen interessieren. Loben Sie ihn nur dann, wenn er an IHRER schnuppert. Beschäftigt er sich mit den anderen, ignorieren Sie das einfach. Kein „NEIN", kein „PFUI"! Vermeiden Sie auch, auf die richtige Klammer zu zeigen oder sie anzutippen. Das irritiert den Hund. Geben Sie seinem Riecher genug Zeit, um zu entscheiden. Schnuppert er erneut an der nach Ihnen riechenden – und nimmt er sie vielleicht sogar auf und bringt sie Ihnen: Super! Wenn nicht, ist das für den Anfang auch in Ordnung. Hauptsache ist, er lernt allmählich, IHRE Klammer ausfindig zu machen. Später können Sie ihn immer noch animieren, diese aufzunehmen und herbeizubringen.

Erst eins, dann zwei, dann drei ...
Haben Sie jedes Hinwenden zu IHRER Klammer durch Lob bestätigt und Ihren Hund gleichzeitig an ein Hörzeichen gewöhnt („FINDE MEINS"); gelingt es ihm bald auf das Signal hin zu den ausgelegten Stücken zu gehen und seine Wahl zu treffen – selbst wenn immer mehr „Verleitklammern" hinzukommen.

Um dem Hund neue Spielplätze und Spielmöglichkeiten aufzutun, heißt es einfach die Augen offen zu halten. Denn selbst auf den täglichen Gassirouten bieten sich allseits interessante Beschäftigungsmöglichkeiten.

Spaziergang mit Hindernissen

Der dufte Riecher des Hundes hat seinen Part geleistet, nun sind seine Muskeln dran. Ein gemeinsamer Ausflug ins Grüne, vielleicht zusammen mit anderen Hundlern und deren Vierbeinern, würde sich dafür anbieten. Hätten Sie und Ihr Vierbeiner nicht Lust dazu? Die Witterung spielt übrigens keine Rolle. Ob Nieselregen, Nebel, Altweibersommer – Sonnenschein: Für Ihren Vierbeiner macht das keinen Unterschied. Also, den Rucksack geschultert, das Lieblingsspielzeug des Hundes in die Jackentasche gesteckt – und los geht's!

Adventure-Tours für Hunde Planen Sie Ihre Tour abwechslungsreich, damit sie auch für Ihren vierbeinigen Begleiter vergnüglich bleibt. Sehen Sie zu, dass Ihre Route über möglichst verschiedenartige Untergründe führt, so dass weder Ihre Gelenke noch die Pfoten Ihres Hundes überstrapaziert werden – z. B. über Gras, Erde, Laub, Asphalt, geschotterte Wege, sumpfiges und sandiges Gelände. Wandern Sie über weite offene Flächen, durch schmale Täler und auf schattigen, verschlungenen Waldpfädchen. Vielleicht liegt sogar ein kleiner See oder ein Bachlauf an Ihrer Marschroute. Schlendern, gehen, laufen und sprinten Sie im Wechsel. Hüpfen Sie Zickzack, recken und strecken Sie sich, und: fordern Sie Ihren Hund auf, mitzumachen. Sein Lieblingsspielzeug haben Sie ja dabei.

Natürliche Hindernisse Nutzen Sie alles, was sich Ihnen unterwegs bietet, um Ihrem Vierbeiner Kurzweil zu bereiten. Ein Baumstamm liegt quer über dem Weg? Lassen Sie Ihren Hund auf diesem balancieren, darüber springen und, falls der Raum ausreicht, darunter hindurchkriechen. Achten Sie darauf, dass der Stamm weder rutschig bzw. glitschig ist noch instabil liegt. Traut sich Ihr Vierbeiner noch nicht? Machen Sie es ihm vor!

Vorsicht bei Holzpoltern! Lassen Sie Ihren Hund lieber nicht darauf turnen. Zu schnell könnte einer der Stämme in Bewegung geraten und Ihr Tier einklemmen. Verwenden Sie solch einen Stapel lieber für ein Versteckspiel. Verstecken spielen können Sie auch hinter Bäumen, im Gebüsch oder z. B. am Rande eines noch nicht abgeernteten Maisfeldes. Sich selbst können Sie dort verstecken, aber auch ein Spielzeug oder einen größeren Leckerbissen – und Ihren Hund danach suchen heißen.

1

2

3

1 Eine Röhre liegt am Wegesrand – groß genug zum Durchrobben, nicht nur für den Hund? Prima. Wer krabbelt zuerst hindurch? Sie oder Ihr Vierbeiner?

2 Und der Baumstamm? Sogar eine duftende Schleppspur lässt sich darauf ziehen, die der Vierbeiner begeistert schnuppernd verfolgen darf.

3 Am Bachlauf oder Tümpel gibt es viel zu entdecken. Holen Sie sich ruhig auch schlammige Hände. Ihr Vierbeiner wird beim Matschen begeistert mithelfen. Haben Sie an Gummistiefel gedacht? Schön. Dann waten Sie doch zusammen ein paar Meter durchs kühle Nass. Aber seien Sie vorsichtig! Unebenheiten können am Untergrund lauern. Nicht ausrutschen, bitte! Mit Ihrem Vierbeiner und seinem „geländegängigen Allradantrieb“ können Sie nicht konkurrieren …

Noch mehr Spiele, die im Herbst Spaß machen:
Lauf- und Beutefangspiele S. 17f., Apportierspiele im Wasser S. 33, Reizangelspiel S. 18, Spielzeug suchen S. 53 und aufräumen S. 36. Für drinnen: Leckerli suchen S. 55 und auspacken S. 57, Farben unterscheiden S. 58, Tür zumachen S. 60.

Winterspaß
Stubenhocker aufgepasst!

Erlebnisse im Schnee

Die Kälte hat uns wieder. Unseren Vierbeinern jedoch scheint die nasskalte, trübe Jahreszeit wenig auszumachen, selbst den nur spärlich behaarten unter ihnen. Rennen, laufen und ausgiebig bewegen, das wärmt von innen, sowohl die Muskeln als auch das Gemüt – so scheint ihre Devise. Nur lange im Kühlen herumliegen ist nicht gesund, das wissen sie instinktiv. Eigenständig tun sie es deshalb so gut wie nie. Also sollten auch wir sie nicht dazu anhalten.

Spurenlesen im Schnee Viel gesünder ist es stattdessen (neben ausgedehnten Winterwanderungen und dem gemeinsamen Nickerchen am Kamin) häufig Spiele im Freien zu veranstalten. Ist unser Widerwille nach draußen zu gehen erst einmal überwunden, haben wir dabei mit Sicherheit genauso großen Spaß wie unsere Hunde. Beim Spurenlesen im Schnee zum Beispiel, denn das können selbst wir „Schlechtriecher" wunderbar – mit unseren Augen anstelle der Nase versteht sich. Deshalb: Frischauf! – und die Partnerin bzw. den Partner gebeten, eine Trittspur zu legen, das heißt, einfach nur gemütlich durch das glitzernde Weiß zu schlendern. Neuschnee ist ideal für dieses unterhaltsame Spiel.
Während Sie (ohne Sichtkontakt zum Spurenleger) Ihren Vierbeiner anderweitig beschäftigen, geht Ihr zweibeiniger Begleiter unterdessen von einem vereinbarten Startpunkt aus los, marschiert in nicht zu zügiger Gangart 200 bis 300 Meter weit (je nach Kenntnisstand des Hundes mit mehr oder weniger starken „Haken" auf der Strecke), versteckt sich hinter einem Baum, Holzstapel o. Ä. und wartet dort – warme Stiefel sind dabei Gold wert.

Endlich gefunden Ungefähr fünf bis zehn Minuten später machen Sie sich gemeinsam mit Ihrem (angeleinten) Hund auf den Weg. Wo's lang geht? Vertrauen Sie einfach auf Ihren vierbeinigen Begleiter und auf Ihre eigenen Augen. Riesengroß die Freude, wenn der „Vermisste" schließlich gefunden ist. Der Vierbeiner bekommt von ihm sein wohlverdientes Leckerli. Und der spurenlesende Zweibeiner? Wer weiß – vielleicht einen Kuss?
Anschließend ist bestimmt ein kurzes Tobespiel angezeigt (mit oder ohne Spielzeug, ganz wie Sie und Ihr Hund es mögen) – zum Aufwärmen für den durchgefrorenen Spurenleger.

Wussten Sie,

dass allgemeine Aktivität und körperliche Bewegung helfen können, Zahnstein beim Hund zu reduzieren? Der Grund: Beim Rennen und Springen, aber auch beim erregten Schnuppern und Wittern, geben bestimmte Drüsen in seinem Nasen-Rachen-Raum vermehrt Sekrete ab, die auf ihrem Weg in die Mundhöhle unmittelbar über die Zähne hinwegfließen. Ein prima Reinigungseffekt, der durch Benagen z. B. von Kauknochen noch verstärkt wird.

Such verloren Und weiter geht das lustige Suchen. Diesmal könnten es Spielsachen sein, die Ihr Hund finden soll: Werfen Sie, während Sie zum Beispiel auf einem befestigten Pfad unterwegs sind und Ihr Hund gerade abgelenkt ist, ein möglichst kleines Spielzeug einige Meter abseits auf eine schneebedeckte Wiese, auf der er es nicht sofort optisch erkennen kann. Machen Sie Ihren Vierbeiner nun darauf aufmerksam und schicken ihn zum Suchen (Hörzeichen: „SUCH VERLOREN").

Keine verräterische Tritt- resp. Geruchsspur führt ihn jetzt geradewegs zum Ziel. Diesmal muss er das Terrain systematisch absuchen, um den richtigen Wind, sprich den Duft des Spielzeugs, in die Nase zu bekommen. Im Zickzack-Kurs, dem typischen Revieren, wird er sich vorarbeiten – bis zu seinem heißbegehrten Spielzeug. Hat er es aufgenommen, rufen Sie ihn zu sich. Freuen Sie sich mit ihm über diese tolle Leistung. Nehmen Sie ihm das Bringsel für einen Moment aus dem Fang, begutachten es und überreichen es ihm wieder. Wenn Ihr Vierbeiner Lust dazu hat, darf er es jetzt eine Weile tragen. Mit einem „GIB AUS" nehmen Sie ihm sein Spielzeug schließlich ab und verstauen es in Ihrer Manteltasche.

Schneehöhlen und –burgen Oder Sie vergraben es im Schnee – zunächst noch vor den Augen Ihres Hundes und nicht zu tief. Kennt Ihr Hund das Buddelspiel, wird er sicher sofort mit den Ausgrabungen beginnen. Wenn nicht, helfen Sie ihm ein bisschen. Ist er bereits ein Buddelprofi, vergraben Sie das Spielzeug gleich etwas tiefer und ohne dass er Sie dabei beobachtet. Allerdings müssen Sie ihm zuvor schon klar machen, wonach es gleich zu suchen gilt. Lassen Sie ihn deshalb gründlich am Spielzeug schnuppern (vielleicht benennen Sie es auch), bevor Sie es verstecken. Wenn Sie ihn dann zum Suchen schicken, wird er bestimmt ihrer Trittspur folgen und dort, wo diese endet, mit Graben anfangen.

Viele Vierbeiner tauen erst so richtig auf, wenns draußen bitterkalt ist. Ihre unbändige Begeisterung wirkt ansteckend ... und bald schon sind auch wir tüchtig gefordert, z. B. mit Bringsel werfen.

Tipp

Auch mehrere Spielsachen können Sie nacheinander auf diese Weise auswerfen (z. B. eines links vom Weg und eines rechts) oder tief im Schnee untertauchen lassen. Ihr Hund wird begeistert sein.

1

2

3

1. Die meisten Hunde lieben den Schnee: Kräftemessen mit Artgenossen lässt sich prima im weißen Weich …

2. herrlich wälzen kann man sich darin …

3. oder, wie ein Bulldozer baggern.

Spielzeug verloren! Nahezu unerschöpflich sind die Möglichkeiten, Spielzeug für die sinnvolle Beschäftigung des Hundes auch während eines Spaziergangs zu nutzen. Hier noch zwei davon: Kurz bevor Sie kehrt machen, um von Ihrem Winterausflug nach Hause zurückzukehren, deponieren Sie am Wegesrand ein kleines Spielzeug, das Ihr Hund gut kennt – und merken sich den Ort genau! Was glauben Sie? Wird Ihr Vierbeiner darauf stoßen, wenn sie auf dem Rückweg daran vorbeikommen? Beobachten Sie ihn: Vermutlich nimmt er ganz von allein Witterung auf, sobald er in die Nähe des Spielzeugs gelangt – vorausgesetzt, er ist nicht völlig abgelenkt. Sollte Ihr Hund das Spielzeug nicht wahrnehmen, ermuntern Sie ihn, nun seinen Riecher auf Empfang zu stellen. Loben Sie ihn kräftig, wenn er es entdeckt hat.

Anstatt ein Spielzeug heimlich auszulegen, können Sie es auch unter viel Aufhebens in eine Astagbel klemmen. Erinnert er sich auf dem Rückweg noch daran?

Wichtig

Erlauben Sie Ihrem Hund nicht, auf Eisflächen zu spielen. So können Sie vermeiden, dass er unaufgefordert eine womöglich dünne Eisschicht betritt und einbricht.

Nicht nur der geschulte „service-dog“ beherrscht diese Übung. Auch unsere fast 13-jährige Tessa hilft ihrem Ischiasschmerz geplagten Frauchen gern beim Ausziehen, wenn's mal wieder zwickt. ANZIEHEN der Socken freilich wäre dann noch besser, doch das haben wir bisher leider nicht zu Wege gebracht. Haben Sie vielleicht eine Idee, wie es uns gelingen könnte?

Socken ausziehen

Wieder zuhause im Warmen. Ihre dicken Socken und die Handschuhe haben nun ausgedient? Bitten Sie doch einfach Ihren Hund um Mithilfe beim Ausziehen. Ziehen und Zerren tut er doch sowieso mit Inbrunst, stimmt's?
Verwenden Sie für's Üben unbedingt Ihren ältesten Socken (am besten einen weiten Wollsocken), der Schrammen nicht übel nimmt – und stülpen Sie ihn zunächst nur sehr locker über Ihren Fuß, sodass Ihr Vierbeiner tatsächlich eine Chance hat, ihn herunterzubekommen. Wackeln Sie auffällig mit den Zehenspitzen und lassen Sie die Sockenspitze dabei lustig über Ihre Zehen baumeln. Ihr Vierbeiner findet das bestimmt aufregend und wird sich sehr für Ihre Füße interessieren.

Zieh! Sobald er sich für den baumelnden Strumpf interessiert, loben Sie ihn. Nibbelt er an ihm herum – noch besser. Sobald er sich anschickt, zart seine Schneidezähne um den Socken zu schließen und vorsichtig zu zupfen, folgt ein Superlob. Findet Ihr Hund Gefallen an diesem Spielchen und zieht immer tüchtiger an der Sockenspitze, geben Sie während dessen Ihr Hörzeichen (z. B. „ZIEH“). Zieht er anhaltend, können Sie den Socken fester über Ihren Fuß stülpen oder es mit einem engeren Socken bzw. einem Baumwollkniestrumpf probieren.
Sollte es so überhaupt nicht klappen: Klemmen Sie sich einfach ein Bröckchen „echten“ Romadur zwischen die Zehen. Was glauben Sie, wie schnell nun bei Ihrem Vierbeiner der Groschen fällt – zumal dann sogar ein pikantes Fresserchen als zusätzliche Belohnung winkt ...

Wichtig

Achten Sie darauf, dass sich Ihr Vierbeiner wirklich nur dann an Ihrer Fußbekleidung zu schaffen macht, wenn Sie ihm die Zehen vor die Nase halten und ihn mit dem entsprechenden Hörzeichen zum Sockenausziehen auffordern. Ansonsten können Sie sich bald nur noch mit festem Schuhwerk im Umfeld Ihres arbeitsbeflissenen Tieres bewegen.

Leckerbissen und doch kein Winterspeck

Wer viel Bewegung hat, verbraucht viel Energie. Ein paar Leckerbissen mehr bescheren also keine zusätzlichen Pfunde auf den Rippen – vor allem dann nicht, wenn die Leckereien nicht auf dem Teller serviert werden, sondern erst mit detektivischem Spürsinn und unter anstrengendster Schnüffelarbeit aus den unterschiedlichsten Verstecken im ganzen Haus geborgen werden müssen. Wo überall könnten Sie Fressbares für Ihren Vierbeiner verstecken? Prüfen Sie bitte jedes Versteck auf seine Hundetauglichkeit.

Redlich verdienen Die konzentrierte Futtersuche will gelernt sein – am besten „häppchenweise“:
Legen Sie Ihrem Vierbeiner die Leckerchen deshalb erst frei im Zimmer aus, sodass er sie sofort sehen kann. Später wählen Sie Verstecke – erst leichte, dann immer schwierigere. Am Anfang legen Sie die Leckerbissen auf den Boden, also etwa hinter ein Stuhlbein, unter die Couch, hinter einen Vorhang. Findet Ihr Hund alles mühelos, ist er bereit für die nächste Schwierigkeitsstufe: Die Fresserchen liegen nicht mehr nur auf dem Boden, sie befinden sich auch weiter oben, auf dem Sessel oder zwischen den Sofakissen. Den duften Riecher nach oben zu recken lohnt sich. Wie gewohnt darf Ihr Hund zu Beginn der Übungen alle Ihre Aktivitäten genaustens verfolgen. Mit der Zeit wird ihm das Beobachten nicht mehr gestattet. Zudem erweitern Sie jetzt das „Suchengebiet“ – von einem Zimmer allmählich auf die ganze Wohnung, bzw. über die nächste Etage auf das ganze Haus. Ermuntern Sie Ihren Hund – falls es für dieses wunderbare Spiel überhaupt einer Ermunterung bedarf. Und verknüpfen Sie seine Suche mit einem Hörzeichen, etwa „SUCH DIE GUDDIES“.

Nur unter Aufsicht Lassen Sie Ihren Hund bei seiner Suche nicht allein, sondern begleiten Sie ihn durchs Haus. Nicht nur, weil Sie ihm dann und wann einen kleinen Tipp geben müssen, sondern auch, weil es spannend ist, seine jeweiligen Verhaltensweisen zu beobachten: Pellets vom Boden aufsammeln oder Hundekuchen zwischen Kissen hervorkramen dürfte ein Leichtes für ihn sein. Aber wie verhält er sich, wenn der Keks weit unter die Couch gerutscht ist? Zwängt er sich darunter? Bemüht er sich nach Leibeskräften und unter Einsatz von Zähnen und Krallen ihn zu greifen? Oder setzt er sich davor und bellt? Wenn Sie möchten, dass Ihr Hund dieses Problem selber meistert (vorausgesetzt, es ist überhaupt zu meistern), ignorieren Sie sein Bellen. Ist es Ihnen lieber, wenn er Ihnen schwierige Verstecke „anzeigt“ anstatt durch seine vergeblichen Aktionen womöglich ein Chaos anzurichten, dann bestätigen Sie ihn jetzt. Belohnen Sie sein Bellen.

Sind die Muskeln durch Laufen und Rennen gut aufgewärmt, darf der Hund sogar während der kalten Jahreszeit sein geliebtes „Scheiben-Fangen“ spielen – und im tiefen Schnee landet er dann besonders sanft.

Das Hütchenspiel

1

Interessiert verfolgt die Hündin, wie das Leckerli unterm Blumentopf verschwindet.

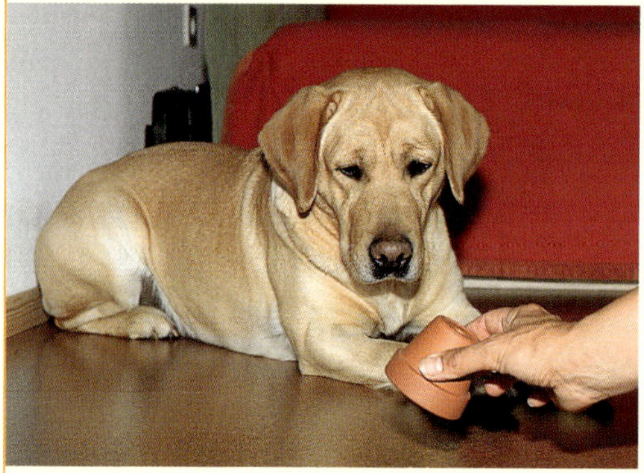

2

Dieses Töpfchen antippen heißt's nun für sie, sonst gibt's nichts.

4

Die Hündin beobachtet genau, wie die „Hütchen" gemischt werden ...

5

... schnuppert ein einziges Mal – und weiß Bescheid: Antippen gilt!

3

Ein weiteres Töpfchen kommt hinzu, doch nur unter einem liegt ein Leckerchen.

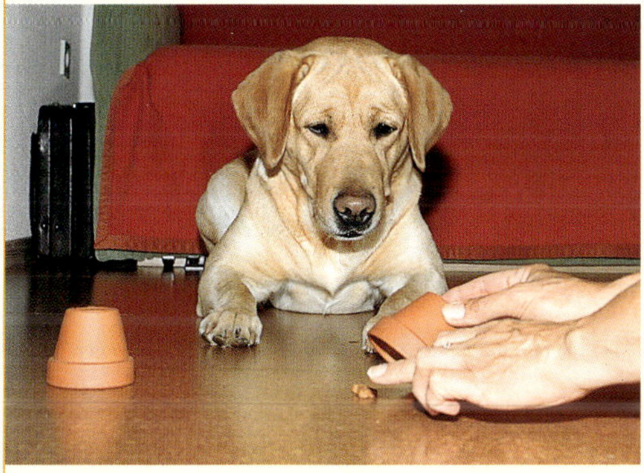

6

Das Leckerli wird gelüftet! Mmmmm!

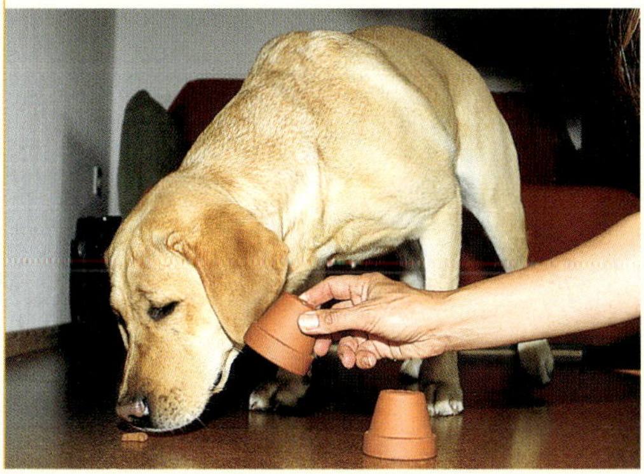

„Christo" lässt grüßen ... Natürlich können die versteckten Leckereien überdies verpackt sein – in unbedrucktem Papier zum Beispiel, das an beiden Enden verdrillt wird, oder in einer leeren Toilettenpapierrolle. Dazu schneiden Sie die Papprolle beidseits 3-mal rund 1 cm tief ein, füllen ein paar Pellets hinein und klappen die entstandenen Kanten nach innen. Ist Ihr Vierbeiner fündig geworden, ist das Spielchen für ihn keineswegs schon vorbei. Denn nun geht's ans Auspacken.

Neigt Ihr Hund vor lauter Gier dazu, die Verpackung gleich mit zu verspeisen, umwickeln Sie Ihr Geschenk möglichst dünn. Ein paar Brocken Zellstoff schaden ihm nicht. Bei größeren Mengen jedoch droht Verstopfung, wenn nicht sogar Darmverschluss. Lassen sich seine Essmanieren trotz mehrfachen Übens nicht kultivieren, verzichten Sie besser aufs Umhüllen Ihrer Guddies.

Auch in einen großen Pappkarton (von dem Sie etwaige Metallteile sorgfältigst entfernt haben!) können Sie Fressbares packen. Vielleicht einen schmackhaften Ochsenziemer? Viel Knüllpapier dazu, perfekt! Machen Sie es Ihrem Tier aber nicht zu schwer: Zunächst bleibt der Karton offen, dann erst kommt der Deckel drauf bzw. werden die Kanten eingeklappt. Pieksen Sie ein paar Löcher in die Pappe, damit es noch verführerischer duftet. Ist der Inhalt verspeißt, darf der Karton „geschreddert" werden: Kein Hund sagt dazu NEIN.

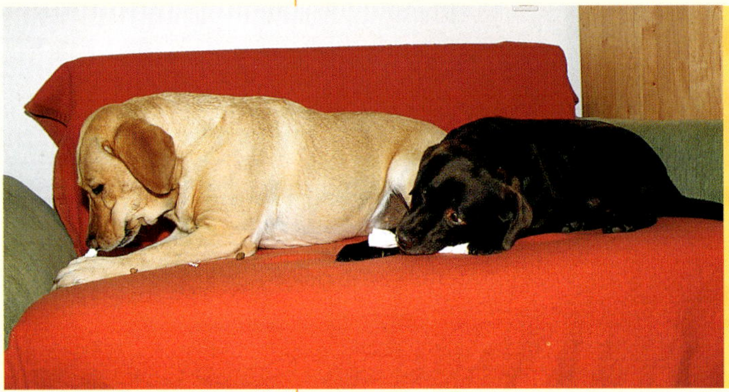

Geschenke auspacken: Nicht nur zur Weihnachtszeit macht das Hunden riesigen Spaß. Jeder bekommt sein eigenes Päckchen mit gleich vielen Guddies drin – nur, damit kein „Neid" aufkommt.

Blau, blau, blau – sieht mein Hund so gut

Früher nahm man an, Hunde seien farbenblind. Heute jedoch weiß man es besser: Hunde sind durchaus in der Lage einzelne Farben zu erkennen – bei Blautönen schneiden sie sogar besonders gut ab. Feinste Nuancen können sie in diesem Wellenlängenbereich unterscheiden. Bei anderen Farben hingegen tun sie sich schwer. Gelb, orangerot und grün beispielsweise können sie allein anhand der Färbung nicht auseinanderhalten, wohl aber anhand unterschiedlicher Helligkeiten bzw. Grauabstufungen.

Für ein Spiel, bei dem Farben eine Rolle spielen sollen, bietet sich Blau als Erkennungsfarbe geradezu an. Und so funktioniert's – vorausgesetzt, Sie nehmen sich genug Zeit dafür. Denn obwohl eingeschränkt farbtüchtig, schenken Hunde den farbigen Aspekten ihres Umfelds offensichtlich weit weniger Aufmerksamkeit als etwa den geruchlichen. So benötigt man eben entsprechend mehr Aufwand, sie auf dieses Detail zu konzentrieren. Und wenn Sie nicht aufpassen, haben Sie Ihren Vierbeiner rasch konditioniert, aber nicht auf die blaue Farbe eines Gegenstandes, sondern zum Beispiel auf dessen Position im Raum. Doch die langen Winterabende bieten ja reichlich Gelegenheit, sehr bedacht und Schritt für Schritt mit dem Vierbeiner zu üben.

Auf die Farbe kommt es an Zunächst müssen Sie ihm klarmachen, dass es das blaue Blumentöpfchen ist, worauf es ankommt. Noch ist dieses Pöttchen allein und für den Hund hagelt's Lob und Leckerchen für jede winzige Annäherung bzw. Berührung. Schiebt er es gar ein Stückchen durch den Raum, gibt es eine Extraportion Leckerli. Das nämlich ist das Ziel dieses Spiels: Nur das blaue Töpfchen wird geschoben, nicht aber ein andersfarbiges.

Statt den Vierbeiner das gewünschte Blumentöpfchen schieben zu lassen, können Sie ihm z.B. auch beibringen, es durch Hinlegen oder Bellen anzuzeigen.

Noch mehr Töpfchen Nun ist es an der Zeit, die nächste Etappe zu wagen: Ein weiteres Blumentöpfchen kommt hinzu – vielleicht ein gelbes? Bestärken Sie Ihren Hund weiterhin, wenn er das blaue Töpfchen beschnuppert, berührt, und vor allem, wenn er es emsig hin und her schiebt. Ignorieren Sie sein Interesse für das gelbe. Achten Sie darauf, dass sich keine Regelmäßigkeiten einschleichen, das heißt, dass Sie das blaue Töpfchen nicht immer näher an der Türe, dem Tisch, dem Sessel platzieren als das gelbe, es nicht als Erstes abstellen oder immer links bzw. rechts vom Hund ... Liegt die Trefferquote bei rund 80 Prozent, ist Ihr Hund ein Held. Jetzt können Sie ihm – während er die richtige Wahl trifft – ein Hörzeichen geben, etwa „SCHIEB DAS BLAUE". Und Sie können noch ein weiteres Töpfchen anpinseln.

Bewegende Augen-Blicke

Hunde sind typische „Schnellseher". Kein Wunder also, dass ihnen selbst die geringsten Bewegungen unserer Augäpfel nicht entgehen. Schon die Veränderung der Blickrichtung genügt, um Hunde zu veranlassen, ihre Aufmerksamkeit in eben diese Richtung zu lenken. Sie glauben es nicht? Versuchen Sie es doch einfach mal.

Knien Sie sich – nachdem Sie sowohl links als auch rechts von sich im Raum ein Leckerchen oder Spielzeug ausgelegt haben – vor Ihren sitzenden Hund, legen Sie Ihre Hände auf den Rücken und halten Sie den Kopf möglichst ruhig. Sehen Sie Ihren Hund freundlich ins Gesicht und bewegen Sie dabei zügig Ihre Augäpfel – zum Beispiel nach links. Wiederholen Sie dies ein paar Mal. Es wird bestimmt nicht lange dauern und Ihr vierbeiniger Schüler hat kapiert, dass er auf die entsprechende Seite laufen soll, zu der Sie gerade Ihren Blick schweifen lassen.

Tür zu, es zieht!

Hunde lernen schnell, eine angelehnte Tür aufzudrücken, um sich so Eintritt ins Haus oder in ein bestimmtes Zimmer zu verschaffen. Die umgekehrte Variante, eine angelehnte oder weit geöffnete Tür zuzustoßen, sodass sie ins Schloss fällt, ist normalerweise nicht zu beobachten. Wozu sollten Hunde so etwas auch tun – um sich in einem Raum einzusperren? Praktisch ist es aber schon, wenn ein Hund dazu in der Lage ist. So braucht sein müdes Herrchen respektive Frauchen einmal weniger aufzustehen,

Das geringste Interesse für die Tür wird belohnt, ein kleiner Stubser freilich erst recht.

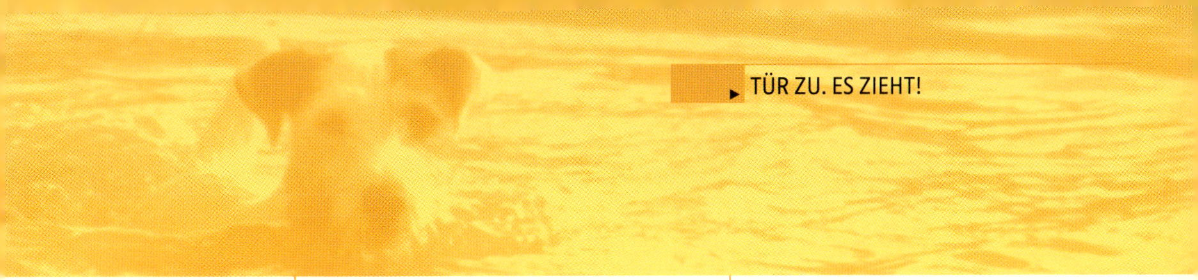

Tipp

Erlauben Sie nicht, dass Ihr Vierbeiner an der Tür hochspringt, sonst ist sie bald völlig verkratzt.

sobald es zieht. Viel Geduld und eine gute Beobachtungsgabe sind gefragt, will man seinen Vierbeiner zu diesem Freundschaftsdienst überreden.

Vorübungen Das Antippen und Schubsen eines Gegenstands lernen Hunde in kürzester Zeit mit so genannten Aktivbällen. Das sind mit Leckerchen gefüllte Kugeln, die, werden sie bewegt, über kleine Öffnungen peu-à-peu ihr schmackhaftes Innenleben freigeben. Wird das richtige Verhalten, also das Stupsen, mit einem Hörzeichen belegt, etwa „STUPS!", kommen so trainierte Hund in Sachen „Türe schließen auf Kommando" oft viel schneller voran. Allerdings schieben sie das Türblatt dann eher von unten an, so wie sie das von ihrem über den Boden kullernden Futterspender gewohnt sind.

Feste schubsen Lassen Sie eine möglichst leicht schließende Tür einen Spalt breit offen stehen. Sobald sich Ihr Hund der Tür nähert, loben Sie ihn dafür. Berührt er dabei mit der Schnauze das Türblatt – großartig. Loben! Hat Ihr Hund mehrmals in dieser Weise an die Tür getippt, loben Sie ihn künftig nur noch für das Antippen. Stupst er zufällig kräftiger, ignorieren Sie auch das leichte Antippen künftig und belohnen nur noch das festere Drücken – und zwar solange, bis die Tür schließlich ins Schloss fällt.
Ist dieser Schritt geschafft, lassen Sie die Tür von Tag zu Tag ein Stückchen weiter offen stehen. Beginnen Sie auch, Ihr vorgesehenes Hörzeichen („TÜR ZU", „ES ZIEHT") einzusetzen. Entfernen Sie sich zudem mehr und mehr vom Zimmerausgang, während Sie das Hörzeichen geben – bis Sie schließlich an Ihrer Sitzgelegenheit angelangt sind. Puh! Das war nicht einfach, nicht wahr? Doch eine Tür auf Zuruf hinter sich zuzumachen gehört mit zu den schwierigsten Aufgaben, die Sie Ihrem Hund stellen können. Nicht umsonst steht dieses Spielchen am Ende dieses Buches, sodass wir mit unseren Vierbeinern weiter daran üben können ...

Noch mehr Spiele, die im Winter Spaß machen:

Slalom durch die Beine S. 24, Reizangel- und Apportierspiele S. 18 u. S. 21 ff., Hindernisspiele S. 31, Buddelsspiele S. 34.
Für drinnen: Spielzeug aufräumen S. 36, Männchen machen S. 38, Gerüche unterscheiden S. 46.

Zum Weiterlesen

Abrantes, Roger: **Hundeverhalten von A-Z**. Kosmos, Stuttgart 2005.

Blenski, Christiane: **Hunde erziehen, ganz entspannt.** Kosmos, Stuttgart 2005.

Bloch, Günther: **Der Wolf im Hundepelz.** Kosmos, Stuttgart 2004.

Durst-Benning, Petra und Carola Kusch: **Der große Spiele-Spaß für Hunde.** Kosmos, Stuttgart 1997.

Führmann, Petra und Nicole Hoefs: **Erziehungsspiele für Hunde.** Kosmos, Stuttgart 2002.

Hoefs, Nicole und Petra Führmann: **Das Kosmos-Erziehungsprogramm für Hunde.** Kosmos, Stuttgart 1999.

Lind, Ekard: **Richtig spielen mit Hunden.** Kosmos, Stuttgart 2004.

Merklin, Lily: **Dogging – fit mit Hund.** Kosmos, Stuttgart 2003.

Pietralla, Martin und Barbara Schöning: **ClickerTraining für Welpen.** Kosmos, Stuttgart 2002.

Pietralla, Martin: **Clickertraining für Hunde.** Kosmos, Stuttgart 2003.

Rauth-Widmann, Brigitte: **Die Sinne des Hundes.** Cadmos, Brunsbek 2005.

Schöning, Dr. Barbara, Nadja Steffen und Kerstin Röhrs: **Hundesprache.** Kosmos, Stuttgart 2004.

Schöning, Dr. Barbara: **Hundeverhalten.** Kosmos, Stuttgart 2001.

Theby, Viviane, Michaela Hares: **Agility**. Kosmos, Stuttgart 2003.

Weber, Nicole: **Dog Dancing.** Kosmos, Stuttgart 2004.

Winkler, Sabine: **Hundeschule leicht gemacht.** Kosmos, Stuttgart 2004.

Zvolsky, Norma: **Die Kosmos-Retriever** Schule. Kosmos 2002.

Nützliche Adressen

Verband für das deutsche Hundewesen (VDH)
Westfalendamm 174
D-44141 Dortmund
Tel.: 0231-565000
Fax: 0231-592440
Info@vdh.de
www.vdh.de

Österreichischer Kynologenverband (ÖKV)
Johann-Teufel-Gasse 8
A-1238 Wien
Tel.: 0043-18887092
Oder 0043-18887093
Fax: 0043-18892621
www.oekv.at

Schweizerische Kynologische Gesellschaft (SKG)
Länggaßstr. 8
CH-3012 Bern
Tel.: 0041-313015819
Fax: 0041-31302015
www.hundeweb.org

Internetadressen

www.aktiv-mit-hund.de
Hier finden Sie noch mehr Tricks und Hundespiele.

www.dogdancing.de
Eine Seite für alle Tanzbegeisterten.

Register

Impressum

Umschlag von eStudio Calamar unter Verwendung von einem Farbfoto von Christof Salata/Kosmos und 3 Farbfotos von Karl-Heinz Widmann/Kosmos

Mit 111 Farbfotos.

Bibliografische Information
Der Deutschen Bibliothek
Die Deutsche Bibliothek verzeichnet diese Publikation in der Deutschen Nationalbibliografie; detaillierte bibliografische Daten sind im Internet über http://dnb.ddb.de abrufbar.

Alle Angaben in diesem Buch erfolgen nach bestem Wissen und Gewissen. Sorgfalt bei der Umsetzung ist indes dennoch geboten. Der Verlag und die Autorin übernehmen keinerlei Haftung für Personen-, Sach- oder Vermögensschäden, die aus der Anwendung der vorgestellten Materialien und Methoden entstehen könnten.

Gedruckt auf chlorfrei gebleichtem Papier

ISBN 3-440-09951-2
Redaktion: Alice Rieger
Gestaltungskonzept: eStudio Calamar
Produktion: Kirsten Raue / Markus Schärtlein
Printed in Germany / Imprimé en Allemagne

Bildnachweis

Farbfotos von Christof Salata (2: S. 41 beide), Ralf Widmann/Kosmos (1: S. 9) und alle übrigen 98 Fotos von Karl-Heinz Widmann/Kosmos.
Farbfotos der Innenklappe:
Karl-Heinz Widmann/Kosmos (8)

Postfach 10 60 11
D-70049 Stuttgart
TELEFON +49 (0)711-2191-0
FAX +49 (0)711-2191-422
WEB www.kosmos.de
E-MAIL info@kosmos.de